Johanna Fürstenberg

Die Klatschgespräche in Theodor Fontanes Gesellschaftsromanen
Eine Analyse von „L'Adultera" und „Effi Briest"

Johanna Fürstenberg

# Die Klatschgespräche in Theodor Fontanes Gesellschaftsromanen

Eine Analyse von „L'Adultera" und „Effi Briest"

Fürstenberg, Johanna:
Die Klatschgespräche in Theodor Fontanes Gesellschaftsromanen. Eine Analyse von
„L'Adultera" und „Effi Briest"

1. Auflage 2011
ISBN: 978-3-86815-546-4
© IGEL Verlag Literatur & Wissenschaft, Hamburg, 2011
Covergestaltung: Victoria Schmidt
Alle Rechte vorbehalten.
www.igelverlag.com

Printed in Germany

Igel Verlag Literatur & Wissenschaft ist ein Imprint der Diplomica Verlag GmbH
Hermannstal 119 k, 22119 Hamburg
Printed in Germany

Die Deutsche Bibliothek verzeichnet diesen Titel in der Deutschen Nationalbibliografie.
Bibliografische Daten sind unter http://dnb.d-nb.de verfügbar.

# Inhalt

1. Einleitung .................................................................................... 7
2. Roman, Gespräch und Klatsch ..................................................... 9
   2.1 Das Gespräch im Roman aus erzähltheoretischer Sicht ............. 9
   2.2 Klatsch aus theoretischer Sicht ............................................... 15
      *2.2.1 Die Beziehungsstruktur von Klatsch .................................. 18*
      *2.2.2 Die Gesprächsstruktur von Klatsch ................................... 21*
      *2.2.3 Mediatisierter Klatsch ....................................................... 24*
      *2.2.4 Die soziale Dimension des Klatsches ................................. 25*
   2.3 Klatsch in Abgrenzung zu den Kommunikationsformen
   „Gerücht" und „Lästern" ............................................................. 32
3. **Fontanes Romane : Gesellschaft, Frau, Ehe und Klatsch** .......... **36**
   3.1 Klatsch als Untersuchungsfeld in den Romanen „L'Adultera"
   und „Effi Briest" ........................................................................ 36
   3.2 „L'Adultera" ............................................................................ 38
      *3.2.1 Der Ravené-Skandal ......................................................... 42*
      *3.2.2 Analyse der Klatschgespräche in „L'Adultera" ................... 45*
   3.3 „Effi Briest" ............................................................................ 79
      *3.3.1 Der Ardenne-Skandal ....................................................... 85*
      *3.3.2 Analyse der Klatschgespräche in „Effi Briest" ................... 89*
   3.4 Gegenüberstellung der Klatschgespräche in „L'Adultera"
   und „Effi Briest" ........................................................................ 125
4. **Zusammenfassung** ................................................................... **132**
**Literaturverzeichnis** ...................................................................... **135**

# 1. Einleitung

Theodor Fontanes künstlerische Intention ist die poetische Abbildung der Realität: „Aufgabe des modernen Romans scheint mir die zu sein, ein Leben, eine Gesellschaft, einen Kreis von Menschen zu schildern, der ein unverzerrter Widerspiegel des Lebens ist, das wir führen."[1]

Fontane rekurriert auf das Gespräch als Mittel der Wirklichkeitsmodellierung[2], weil dieses Medium prädestiniert ist, divergierende Figurenansichten zusammenzuführen, die einen facettenreichen Gesamtzustand ergeben. Der intendierte Gesellschaftskreis wird über die Figurenkommunikation abgebildet und weniger über die Handlungen der Figuren evoziert.[3]

Eben diese Verbindung von den Figuren im Netz interpersonaler Beziehungen, die über eine Kommunikationsform dargestellt werden, motiviert eine nähere Untersuchung von Fontanes Romanen unter erzähltechnischen Aspekten. Diesen Bezug schafft die Gesprächsform Klatsch, da sie einen Schnittpunkt der sozialen Aspekte Moral, Gesellschaft und Information darstellt. Ziel dieser Studie ist eine literaturwissenschaftlich-soziologische Annäherung an Fontanes Gesellschaftsromane „L'Adultera" und „Effi Briest" mit dem Untersuchungsschwerpunkt auf den Klatschgesprächen. Denn, so lautet die These, Fontane nutzt die Klatschgespräche, um die Konflikte in den Romanen mit einer sozialen Komponente zu versehen und sie direkt in einen gesellschaftlichen Zusammenhang zu bringen: Klatsch in den Romanen fungiert als Mittel, die Ehebrüche der Protagonistinnen durch die Gesellschaft diskutieren zu lassen.

Während das Gespräch in Fontanes Romanen seit den 1970er Jahren stark in den Fokus der Forschung getreten ist und umfangreich bearbeitet wurde, traf Klatsch als Gesprächsform in den Romanen auf wenig wissenschaftliches Interesse.[4] In der Soziologie dagegen widmete man sich dem Thema seit den

---

[1] Fontanes Aufsatz zu Paul Lindaus „Zug nach Westen", 1886. In: Theodor Fontane: Sämtliche Werke. Walter Keitel (Hg.) Abt. 3, Bd. 1, München: Carl Hanser, 1969. S. 561-570.
[2] Vgl. Preisendanz, Wolfgang (1984): Zur Ästhetizität des Gesprächs bei Fontane. In: Stiele, Karlheinz; Warning, Rainer (Hg.): Das Gespräch. München: Fink, S. 473-489. Hier S. 473-487.
[3] Vgl. Brackert, Helmut; Schuller, Marianne (1981): Theodor Fontane. Effi Briest. In: Brackert, Helmut; Stückrath, Jörn (Hg.): Literaturwissenschaft. Ein Grundkurs. Reinbek b. Hamburg: Rowohlt, S. 153-172.
[4] Die umfangreichste Arbeit stammt von Wengerzink, Monika (1997): Klatsch als Kommunikationsphänomen in Literatur und Presse. Ein Vergleich von Fontanes Gesellschaftsromanen und der Deutschen Unterhaltungspresse. Frankfurt a. M.: Peter Lang.

späten 1980er Jahren.[5] Klatsch als Thema dieser beiden Disziplinen ist vor allem auf sprachwissenschaftlicher Ebene zu finden[6], die die Gesprächsform unter konversationsanalytischen Gesichtspunkten untersuchen. Um soziologische Kategorien des Phänomens auf eine literaturwissenschaftliche Arbeit anzuwenden, bedarf es jedoch einer adäquaten Vergleichsbasis. Die ist in dieser Studie dahingehend geschaffen, als dass in den Romanen die Gesellschaft, als soziologischer Ausgangspunkt im Gespräch, die literaturwissenschaftliche Komponente, diskutiert wird.[7]

Die nachfolgende Analyse gliedert sich in zwei Teile. In einem ersten Schritt wird das Phänomen Klatsch theoretisch untersucht. Dazu wird grundlegend eine spezifizierende Definition der Gesprächsart vorgenommen. Weiter werden die beziehungs- und gesprächsstrukturellen Voraussetzungen der Kommunikationsform erarbeitet und die mediatisierte Form vorgestellt. Anschließend wird die soziale Dimension von Klatsch erörtert, die Bedeutung als soziales Kontrollmittel im Bereich der Moral, als gruppenstabilisierendes Mittel in Bezug auf die Gesellschaft und schließlich als kommunikatives Instrument des Informationsmanagements präsentiert. Auf Basis dieser Übersicht wird Klatsch dann von den strukturell ähnlichen Kommunikationsformen Lästern und Gerücht abgegrenzt. Dieser theoretische Teil bildet die Grundlage für die anschließende Analyse der Gesellschaftsromane Fontanes. Zuerst allerdings werden sie in den jeweiligen Forschungskontext eingegliedert, die Kernthemen filtriert und mit dem literarischen Konzept Fontanes abgeglichen; denn sowohl „L'Adultera" als auch „Effi Briest" beruhen auf tatsächlichen Skandalen, die Fontane für seine Zwecke aufbereitet. Daraus lässt sich die sekundäre These abstrahieren, dass Fontane, indem er auf reale Skandale rekurriert, ebenfalls klatscht. Anstatt den negativ konnotierten Unterhaltungswert in den Vordergrund zu stellen, nutzt er die Kommunikationsform, um das Rezeptionsverhalten der Leser zu steuern. Abschließend werden die relevanten Erkenntnisse der Analysen gegenübergestellt und miteinander verglichen.

---

[5] Bergmann, Jörg R. (1987): Klatsch. Zur Sozialform der diskreten Indiskretion. Berlin, New York: Walter de Gruyter.

[6] Vgl. Hess-Lüttich, Ernest W. B. (2000): „Die bösen Zungen…". Zur Rhetorik der diskreten Indiskretion in Fontanes L'Adultera. In: Hess-Lüttich, Ernest W. B.; Schmitz, Walter (Hg.): Botschaften verstehen. Kommunikationstheorie und Zeichenpraxis. Frankfurt a. M.: Peter Lang, S. 127-141. Hier S. 127.

[7] Vgl. Kieserling, André (1999): Kommunikation unter Anwesenden. Studien über Interaktionssysteme. Frankfurt a. M.: Suhrkamp Verlag. Hier S. 303f.

## 2. Roman, Gespräch und Klatsch

### 2.1 Das Gespräch im Roman aus erzähltheoretischer Sicht

Die hohe Dialogizität in Fontanes Romanen ist ein auffälliges, charakteristisches und gestalterisches Merkmal. Sie entspricht vollkommen seinem Selbstanspruch als Autor, der mit der Fokussierung auf das Gespräch seinem künstlerischen Prinzip Ausdruck verleiht: „Es hängt alles mit der Frage zusammen: Wie soll man die Menschen sprechen lassen? Ich bilde mir ein, dass nach dieser Seite hin eine meiner Forcen liegt und dass ich auch die Besten (unter den ganzen *Lebenden* die Besten) auf diesem Gebiete übertreffe. Meine ganze Aufmerksamkeit ist darauf gerichtet, die Menschen so sprechen zu lassen, wie sie *wirklich* sprechen."[8] Diese ihrem Anspruch nach selbstbewusste Aussage und das erklärte Ziel der verklärenden Abbildung der Realität im Gespräch kennzeichnen Fontane als realistischen Autor. Der konzeptionelle und inhaltliche Schwerpunkt auf dem Gespräch erfordert allerdings eine erzähltheoretische Einordnung. Denn wie Fontane feststellt, handelt es sich um „Plauderei, Dialog, in dem sich die Charaktere geben, mit und in ihnen die Geschichte."[9] Es gilt im Folgenden, die Funktion des Gesprächs im Roman herauszustellen und anschließend mit Fontanes These abzugleichen: Indem also Fontane häufig auf das strukturelle Mittel des Gesprächs zurückgreift, stellt er vor allem den Menschen und das Menschliche in den Vordergrund. Mit dem Gespräch verfügt er über die Möglichkeit, differente subjektive (Figuren-)Ansichten darzustellen, die zusammengenommen ein Gesellschaftsbild ergeben. Einschränkend muss hinzugefügt werden, dass sich das dargestellte Gesellschaftsbild bei Fontane hauptsächlich auf den Adel bezieht.[10] Norbert Mecklenburg erkennt die Sprache als Mittel der Rea-

---

[8] Brief an Martha Fontane, 24. August 1882, In: Dieterle, Regina (Hg.) (2002): Theodor Fontane und Martha Fontane. Ein Familienbriefnetz. Berlin: Walter de Gruyter. Hier S. 247ff.

[9] Brief an Adolf Hoffmann, Berlin Mai/Juni 1897, In: Brinkmann, Richard (Hg.) (1973): Theodor Fontane. München: Heimeran. (Dichter über ihre Dichtungen, 12/II). Hier S. 475.

[10] Von Bormann, Alexander (1980): Glücksanspruch und Glücksverzicht. Zu einigen Frauengestalten Fontanes. In: Burkhard, Marianne (Hg.): Gestaltet und Gestaltend. Frauen in der deutschen Literatur. Amsterdam: Rodopi, S. 205-233. Fontane hält sich an Adel und Bildungsbürgertum, nicht weil sie die „herrschenden Klassen" seien, „wohl aber, weil sie die Kultur- und Zivilisationsatmosphäre der Zeit bestimmen, weil sie – bei aller Fragwürdigkeit – Träger der konkreten geschichtlichen und kulturgeschichtlichen Kontinuität sind. Vgl. ebd. S. 208 f.

litätsdarbietung Folgendes: „Das Bild des Romans *von* der Wirklichkeit ist vermittelt über seine Stellung *in* der *sprachlichen* Wirklichkeit, die in jedem geschichtlichen Augenblick aus einer Vielzahl einander überschneidender und durchkreuzender Soziolekte besteht."[11] Nur andeutungsweise sei auf das Problem der Vereinbarkeit von verschiedenen Realitäten verwiesen, das sich aus dem Widerspruch zwischen einer prinzipiell strukturellen Identität von realen und fiktiven Dialogen ergibt.[12] Hess-Lüttich sieht die Lösung des Widerspruchs „beim Autor als dem Textproduzenten und Gesprächsproduzenten aufgrund seiner Teilhabe sowohl an der realen wie an der fiktiven Welt […]."[13] Der Autor kann also in seiner Mittlerposition zwischen der fiktiven Welt und der Wirklichkeit durchaus Realität darstellen, auch wenn sie subjektiv vermittelt wird.

Die Forschungsmeinungen gehen mit Fontanes Postulat konform, dass durch das Gespräch das Menschliche in den Vordergrund gerückt wird, wodurch der Roman eine Verlebendigung erfährt. Denn das plane Erzählen eines autonomen Erzählers wird von Figurenreden abgelöst, die in Eigenarbeit des Lesers addiert und zusammengebracht werden müssen, um ein Handlungsganzes zu erhalten. Die Funktionen des Gesprächs im Roman[14], aus denen das attestierte Menschliche resultiert, lassen eine grobe Unterteilung in Funktionen zu, die die geschilderte Welt und ihre Bewohner spezifizieren sowie in Funktionen, die auf inhaltlicher Ebene die Handlung reflektieren und diskutieren. Zum ersten Punkt zählt die Charakterisierung der Figuren, die einen Einblick in deren psychische Verfassung gewährt. Auch werden die Figuren durch den Dialog in ein Verhältnis zueinander gesetzt: Die Personenkonstellation wird aufgezeigt. Dabei gibt nicht nur der Inhalt des Gesprächs über das Verhältnis Aufschluss, sondern auch die Sprechweise der Personen.[15] Wird auf inhaltlicher Ebene über weitere, bereits bekannte oder

---

[11] Mecklenburg, Norbert (1998): Theodor Fontane. Romankunst der Vielstimmigkeit. Frankfurt a. M.: Suhrkamp Verlag. Hier S. 80.

[12] Vgl. Hess-Lüttich, Ernest W. B. (1984): Kommunikation als ästhetisches Problem: Vorlesungen zur angewandten Textwissenschaft. Tübingen: Gunter Narr Verlag. Hier S. 81.

[13] Ebd. S. 81f.

[14] Hier bezogen auf die Ausführungen von Hamann, Brinkmann, Delbruyère, Lämmert, Vogt und Mecklenburg zu diesem Thema.

[15] So sieht Brinkmann (1977): Theodor Fontane. Über die Verbindlichkeit des Unverbindlichen. Tübingen: Max Niemeyer Verlag, bspw. den Schwerpunkt einer Unterhaltung weniger auf dem Inhalt, sondern in der Gesprächsweise gelegen, die sich, seines Erachtens, nach Charakter, Beruf, Stand, Gegend und Temperament beeinflusst werden. Vgl. ebd. S. 127.

noch nicht bekannte Personen gesprochen, erfährt der Personenkreis eine Erweiterung. Daneben lassen sich aus den Gesprächen, insbesondere der Sprechweise der Figuren, Rückschlüsse über das soziale Milieu[16] ziehen, dem die Figuren angehören. „In der individuellen Sprechweise einer Romanfigur wird hier eine soziale Sprechweise und wird die darin eingebettete Bewußtseinsform sichtbar, geradezu hörbar gemacht – mit dem inneren Ohr des Lesers hörbar."[17] Zumal dies durch Schilderungen der Räumlich- und Örtlichkeiten angereichert wird. Figurenbezogenes Detailwissen, das im Gespräch publiziert wird, dient der Verdichtung der Atmosphäre. Insgesamt erfolgt die Beschreibung der Welt und der Figuren im Gespräch meistens indirekt und ergänzt die Schilderungen der Erzählerrede. Anders dagegen die handlungsbezogenen Funktionen des Gesprächs: Sie wirken sich strukturell auf den Roman aus, indem sie, wie Delbruyère erläutert, Handlungsstränge zusammenführen.[18] Diese Zusammenführung dient vornehmlich der Etablierung des Konflikts. Die Gegenüberstellung verschiedener (Figuren-)Ansichten kann die Richtung des Handlungsverlaufs ändern[19], der Konflikt kann im Gespräch eskalieren[20] sowie konklusiv erläutert werden. Neben den kompositorischen Möglichkeiten hat das Gespräch im Roman auch eine ordnende Funktion, insofern es den planen Handlungsablauf durchbricht. Lämmert beschreibt dies wie folgt: „Damit erweist sich die erzähltechnische Bedeutung des Widerspiels zwischen Redeaussage und Redeakt. Der Erzähler kann durch die Vermittlung einer Person weitausgedehnte, vielgliedrige Begebenheiten, fernabliegende Zustände und Schicksale als momentane Handlungen hervorbringen lassen: Die Rede gibt Erzählgegenstände und ist mit dieser Wiedergabe selbst gegenwärtiges Geschehen."[21] All diese Eigenschaften des

---

[16] Vgl. Naumann, Barbara (2000): Schwatzhaftigkeit. Formen der Rede in den späten Romanen Fontanes. In: Delf von Wolzogen, Hanna; Fischer, Hubertus (Hg.): Theodor Fontane. Am Ende des Jahrhunderts. Internationales Symposium des Theodor-Fontane-Archivs zum 100. Todestag Theodor Fontanes 13.-17. September 1998 in Potsdam. Würzburg: Königshausen & Neumann, Bd. 2 (Sprache, Ich, Roman, Frau), S. 15-26. Hier S. 16.
[17] Mecklenburg (1998): Theodor Fontane, S. 64.
[18] Vgl. Delbruyère, Konstantina (1982): Der Dialog, seine Funktion und Bedeutung in den späteren Romanen Theodor Fontanes. München: Hieronymus Buchreproduktion. Hier S. 119.
[19] Brinkmann erklärt das damit, dass die Einzelfaktoren und die Motive, die zu einer konkreten Entscheidung führen, erst durch die Objektivierung des Gesprächs offenbar werden. Vgl. ebd. S. 132.
[20] So sieht es bspw. auch Naumann (2000): Schwatzhaftigkeit, S. 16.
[21] Lämmert, Eberhard (1983): Bauformen des Erzählens. Stuttgart: Metzlersche Verlagsbuchhandlung. Hier S. 209.

Gesprächs vermitteln dem Leser eine Nähe zum Erzählten. Martinez und Scheffel bezeichnen diesen Modus als Realitätseffekt.[22] Der Leser erhält den Eindruck, dass die Welt im Roman ein Spiegel der Wirklichkeit ist, woran das Gespräch maßgeblich beteiligt ist. Denn im Gespräch kann die Wirklichkeit poetisch dargestellt werden, wie Brinkmann konstatiert: „Das Gespräch, die Plauderei in der Gesellschaftssprache und ihrem Themenarsenal bietet die Möglichkeit, das entschieden Subjektive zu verbinden mit einem überall gegenwärtigen und spürbaren Anteil an der objektiven Ganzheit der Epoche."[23] Und indem das Gespräch im Roman Wirklichkeit abbilden kann, kommt die übergeordnete Aufgabe, Gesellschaftskritik zu üben, zum Tragen. Rekurrierend auf Fontanes Aussage, dass das Menschliche im Gespräch im Vordergrund steht, lässt sich zustimmend anmerken, dass gerade das Gespräch die weiterführende Option eröffnet, im Roman ein kritisches Gesellschaftsbild zu entwerfen. Mecklenburg resümiert: „In demselben Maße, wie Fontanes Romane gesellschaftliche Wirklichkeit wesentlich als sprachliche Wirklichkeit, als soziale Redevielfalt, entwerfen, als Polyphonie einander relativierender Ansichten von Realität, enthalten sie Gesellschaftskritik vornehmlich in Gestalt von Sprach-, Kommunikations- und Bewußtseinskritik."[24]

Spezifizierend soll nun im Weiteren auf einen Aspekt des Gesprächs im Roman eingegangen werden, der die Funktionen auf inhaltlicher Ebene erweitert: Die Erzählung in der Erzählung.[25] Denn bei genauerer Betrachtung wird mit einem in die Handlung eingelagerten Gespräch eine weitere Erzähldimension[26] eröffnet; durch die Haupthandlung initiierte Themen werden in Gesprächen zu eigenständigen Erzählungen. Vogt erläutert diesen Sachverhalt wie folgt: „Zunächst ist jede Erzählung ein Sprechakt des Erzählers; ihre Aussage aber umfasst teilweise wiederum Sprechakte: die Äußerungen der Figuren, von denen manche ihrerseits ‚Erzählungen' sind und als solche der

---

[22] Martinez, Matias; Scheffel, Michael (2007): Einführung in die Erzähltheorie. München: C. H. Beck. Hier S. 51.
[23] Brinkmann, Richard (1977): Theodor Fontane. Über die Verbindlichkeit des Unverbindlichen. Tübingen: Max Niemeyer Verlag. Hier S. 150.
[24] Mecklenburg (1998): Theodor Fontane, S. 116.
[25] Martinez und Scheffel sprechen von metadiegetischem Erzählen, in Anlehnung an Genettes Vokabular.
[26] Vgl. Hamann, Elsbeth (1984): „Effi Briest" aus erzähltheoretischer Sicht. Bonn: Bouvier Verlag Herbert Grundmann. Hier S. 363.

Doppelung von Akt und Aussage unterliegen [...]."[27] In diesen Erzählungen der Figuren stehen die Konflikte im Mittelpunkt. Die Romanhandlung wird nochmals thematisiert, reflektiert und wiederholt, Probleme werden komprimiert dargelegt, allerdings als eigenständige, vom Erzähler unabhängige Geschichte. Darin liegt auch die Funktion der Gespräche: Eine Verdoppelung der Erzählebene ermöglicht es dem Autor, wichtige Aspekte der Handlung durch die Wiederholung im Gespräch zu bündeln und den Konflikt hervorzuheben. Zusätzlich bietet die Dialogform die Möglichkeit einer Gegenüberstellung verschiedener Ansichten und Meinungen zu den Kernthemen. „Denn Geschichten haben auch [...] die Funktion, uns etwas über die Welt zu sagen, uns zu zeigen, wie sie funktioniert, uns [...] in die Lage zu versetzen, die Dinge von anderen Standpunkten aus zu sehen und auf diese Weise Einsicht in die Beweggründe anderer zu gewinnen, welche uns sonst verborgen bleiben."[28] Und dadurch, dass sie als subjektive Figurenreden vorgetragen werden, obliegt es der Eigenleistung des Lesers, die dargebrachten Standpunkte zu einem möglichst umfassenden Bild zusammenzuführen. Dennoch bleiben die Erzählungen der Figuren mit der Haupthandlung verbunden und können nach Martinez und Scheffel konsekutiv/kausal oder korrelativ mit ihr verknüpft sein.[29] Diese Verknüpfung zwischen Haupthandlung und eingeschobenen Gesprächen betrifft vor allem die zeitliche Abfolge der Erzählung und in Konsequenz daraus wirkt sie auf die Handlung.[30] Denn die Art der Gespräche kann rückweisend oder vorausdeutend sein[31], daneben auch vergleichend

---

[27] Vogt, Jochen (1998): Aspekte erzählender Prosa: eine Einführung in Erzähltechnik und Romantheorie. Opladen: Westdeutscher Verlag. Hier S. 144.

[28] Culler, Jonathan (2002): Literaturtheorie. Eine kurze Einführung. Stuttgart: Philipp Reclam jun. Hier S. 134.

[29] Martinez; Scheffel (2007): Einführung in die Erzähltheorie. Bei der konsekutiven/kausalen Verknüpfung ist die Binnengeschichte explikativ, sie soll erklären, welche Art von Ereignissen die Situation herbeigeführt haben [...], vgl. ebd. S. 78. Die korrelative Verknüpfung stellt eine Ähnlichkeits- oder Kontrastbeziehung zwischen den Erzählungen her, vgl. ebd. S. 78-79.

[30] Bodil Zalesky (2004): Erzählverhalten und narrative Sprechweisen. Narratologische Untersuchung von „Effi Briest" mit Schwerpunkt in den Dialogen. Uppsala: Uppsala University, gibt eine kritische Zusammenfassung und Gegenüberstellung der verschiedenen Erzähltheorien von Lämmert, Genette, Stanzel und Vogt. Unter anderem auch zu deren Verständnis von Vorausdeutung. Siehe ebd. S. 67-73.

[31] Martinez und Scheffel sprechen von Prolepse und Analepse. Eine kritische Gegenüberstellung der verschiedenen Begrifflichkeiten und damit verbundenen Theorien wird hier nicht vorgenommen.

und exemplarisch.[32] Ein rückweisendes Gespräch fungiert meist erklärend, weil der Leser in das Geschehen involviert und dadurch an der Konfliktlösung beteiligt ist und gleichzeitig der Konflikt ergründet wird.[33] Lämmert beschreibt es als ein in die Gegenwart geholtes Stück Vergangenheit.[34] Dahingegen sind Vorausdeutungsgespräche ohne Einfluss auf die Handlung, sie lenken jedoch die Aufmerksamkeit des Lesers auf die nahende Katastrophe und ihre Auswirkungen: „Den Vorausdeutungsgesprächen mangelt es nicht selten an Einfluss auf gegenwärtige Handlungsverläufe; aber der Leser empfindet zukünftiges Geschehen an solche Vorausdeutungsgespräche gebunden."[35] Lämmert ordnet den Vorausdeutungen noch die vergleichenden und exemplarischen Erzählungen zu, die er als Beglaubigungen derselben sieht.[36] Die Gespräche der Figuren stellen im Handlungsablauf ein retardierendes Moment dar, indem sie den chronologischen Fortgang zugunsten einer Besinnung auf den Konflikt durchbrechen. Jedoch bestimmt die Art Gespräche die Rezeption, weil in einem Gespräch bspw. vergangene Erzählungen, die den Konflikt erklären, angeführt werden können und somit zu dessen Verständnis beitragen; oder es werden Beispiele für ähnliche Konflikte, deren Handhabung und Lösung angeführt oder aber es wird im Gespräch erst auf einen möglichen Konflikt verwiesen. Wenn dem Leser ein möglicher zukünftiger Konflikt aufgezeigt wird, wird er die nachfolgende Handlung stets in Bezug zu dem angedeuteten Konflikt setzen, ohne dass dies auch eintreffen muss. Der Autor kann Gespräche also manipulativ einfügen und das intendierte Rezeptionsverhalten des Lesers steuern. Wie für das Gespräch gilt auch für die Erzählung in der Erzählung, dass sie dem übergeordneten Zweck dient, Gesellschaftskritik zu üben. Dadurch, dass die Kritik durch die Gesprächsform evoziert wird, scheint sie besonders wirklichkeitsnah. Hess-Lüttich schlussfolgert daraus: „Je genauer die […] Fiktion jedoch die defiziente Wirklichkeit repräsentiert, desto wirksamer die persuasive Strategie,

---

[32] Hamann (1984): „Effi Briest" aus erzähltheoretischer Sicht, unterscheidet insgesamt fünf Typen von Dialogen und deren Funktion im Roman. Allerdings sind ihre genannten Aspekte durchaus in den Vorausdeutungs- und rückweisenden Gesprächen enthalten. Vgl. ebd. S. 364-387.
[33] Vgl. Hamann (1984): „Effi Briest" aus erzähltheoretischer Sicht, S. 382.
[34] Vgl. Lämmert (1983): Bauformen des Erzählens, S. 102.
[35] Hamann (1984): „Effi Briest" aus erzähltheoretischer Sicht, S. 366.
[36] Vgl. Lämmert (1983): Bauformen des Erzählens, S. 179-184.

weil so der Kommentar nicht vom Autor gegeben, sondern vom Leser als Erkenntnisleistung hinzugefügt und als solche genossen werden kann."[37]

## 2.2 Klatsch aus theoretischer Sicht

Klatsch ist eine Sub-Form des Gesprächs. Grundsätzlich handelt es sich auch bei Klatsch um eine kommunikative Interaktion, die zu dem Zweck des Informationsaustausches geführt wird und dem Ziel dient zu unterhalten respektive Vergnügen zu bereiten.[38] Funktionell bleiben die gleichen Faktoren anwendbar, die schon für das Gespräch im Allgemeinen herausgestellt wurden. Jedoch liegt bei Klatsch der Schwerpunkt explizit auf der sozialen Dimension, sowohl der Gesprächssituation als auch des -inhalts.

Der Duden definiert Klatsch als „Rederei, Geschwätz"[39], daneben verweist er auch auf das Onomatopoetikum „klatsch!"[40] Jörg Bergmann stellt in seiner grundlegenden Untersuchung „Zur Sozialform der diskreten Indiskretion" zwei Verständnisse von Klatsch vor: Einmal bezeichne Klatsch den Inhalt einer Kommunikation, andererseits sei damit der Kommunikationsvorgang selbst gemeint.[41] In dieser Aufteilung wird sogleich die paradoxe Grundstruktur des Klatsches offengelegt, denn auf der einen Seite findet die Kommunikation unter bestimmten Regeln innerhalb einer sozialen Einheit statt und wirkt sich dadurch auf den Kommunikationsvorgang aus. Auf der anderen Seite beeinflussen diese äußeren Bedingungen die inhaltliche Ebene, wenn es bspw. bei Kieserling heißt: „Das Verhalten von Abwesenden wird einer moralisch kodierten Bewertung unterzogen [...]."[42] Oder wenn Schubert Klatsch als Verbalisierung devianten Verhaltens bezeichnet.[43] Klatsch ist folglich nicht nur ein kommunikativer Akt, sondern auch soziale Interaktion, denn es wird nur thematisiert, was für die soziale Einheit relevant ist, und das

---

[37] Hess-Lüttich (1984): Kommunikation als ästhetisches Problem, S. 82f.
[38] Vgl. Culler (2002): Literaturtheorie. Culler erarbeitet den Zweck von Literatur in seinem grundlegenden Werk und stellt fest: „Zunächst einmal bereiten sie [die Geschichten] Vergnügen, und zwar tun sie das, wie Aristoteles sagt, durch die Nachahmung der Wirklichkeit und ihre Strukturierung.". Ebd. S. 133.
[39] Der Duden (1996), Mannheim, Leipzig, Wien, Zürich: Dudenverl. Bd. 1, 21. Aufl., S. 409, Sp. 2.
[40] Ebd.
[41] Vgl. Bergmann (1987): Klatsch, S. 61.
[42] Kieserling (1999): Kommunikation unter Anwesenden, S. 303.
[43] Vgl. Schubert, Daniel (2009): Lästern. Eine kommunikative Gattung des Alltags. Frankfurt a. M.: Peter Lang. Hier S. 97.

wiederum wird gruppenspezifisch reglementiert. Dass diese Form des Gesprächs allerdings ausschließlich negativ zu bewerten ist, wie es bspw. Hess-Lüttich oder Althans tun, die dem Klatsch sogar eine mögliche Steigerung bis zur üblen Nachrede zusprechen[44], wird dem Phänomen nicht gerecht. Thiele-Dohrmann gesteht dem Klatsch Folgendes zu: „Während der harmlose Klatsch einer heiteren, auf Mitgefühl gestimmten und mehr oder minder informativen Unterhaltung dient und damit keinen Schaden anrichtet, ist die bösartige Variante des Klatsches das ergiebigere Thema."[45] Auch die These, dass Klatsch eine prädestiniert weibliche Dialogform darstellt, wie sie Althans in ihrer Arbeit „Klatsch, die Frauen und das Sprechen bei der Arbeit" vertritt, muss hinterfragt werden. Sie erarbeitet zwar stringent die etymologische Wandlung des Begriffs und leitet ihre Definition daraus ab, allerdings bleibt es auch eine historisch verankerte und damit eindimensionale Sicht auf Klatsch.

Thiele-Dohrmann datiert das Aufkommen des Klatsches bereits mit den Anfängen der menschlichen Sprache. Er stützt seine wagemutige Behauptung auf die griechische Mythologie, indem er das Vorkommen der Figur Pheme bei den Tragikern und im Alten Testament nachweist.[46] Dagegen erklärt Althans, dass Klatsch zunächst lautmalerisch verstanden wurde, etymologisch aus dem frühniederdeutschen „klatz" herrührt und helle schlagende Geräusche durch das Aufschlagen von etwas (weichem) Schwerem auf etwas Hartes sowie schallendes Schlagen mit den Händen oder der Peitsche meint.[47] Erst seit dem 18. Jahrhundert bezeichne Klatsch eine differenzierte Kommunikationsform, deren soziale Komponente mit der Wandlung des englischen Begriffes godsip = Taufpatin zu gossip = Klatsch verständlich wird.[48] Grob skizziert lässt sich diese Wandlung wie folgt zusammenfassen: Eine Person bekommt Einblicke in die Privatsphäre eines intimen Kreises; beispielbezogen erhält die Taufpatin Zutritt zu einem familiären Kreis. Dort gelangt sie an familieninterne Neuigkeiten und Informationen, die sie nach außen trägt.

---

[44] Vgl. Althans, Birgit (2000): Der Klatsch, die Frauen und das Sprechen bei der Arbeit. Frankfurt a. M.; New York: Campus Verlag. Hier S. 24; Hess-Lüttich (2000): „Die bösen Zungen…". Hier S. 131.

[45] Thiele-Dohrmann, Klaus (1995): Der Charme der diskreten Indiskretion: eine kleine Geschichte des Klatsches. Zürich, Düsseldorf: Artemis & Winkler Verlag. Hier S. 12.

[46] Vgl. ebd. S. 9.

[47] Vgl. Althans (2000): Der Klatsch, die Frauen und das Sprechen bei der Arbeit, S. 23f.

[48] Dazu ausführlich: Althans (2000): Der Klatsch, die Frauen und das Sprechen bei der Arbeit S. 19-23.

Allerdings gibt sie sie nur an Personen weiter, für die diese Interna auch von Interesse sind. Die Forschung hebt einhellig die Verbindung von Klatsch mit Bereichen der weiblichen Arbeit heraus, so ist es bspw. die Taufpatin oder die Geburtshelferin oder in einem anderen Beispiel die Wäscherin, der Klatschhaftigkeit nachgesagt wird. Angedeutet sei hier nur noch, dass sich etliche Beispiele für die Verbindung „Frau und Klatsch" finden lassen[49], da dieser Aspekt für diese Studie irrelevant ist, wird er nicht weiter ausgeführt.

Folgende Auffassung von Klatsch lässt sich vorerst festhalten: Klatsch ist eine Dialogform, die durch soziale, gruppenspezifische Aspekte motiviert ist; er wirkt im Beziehungsgeflecht von sozialer Aktion, gesellschaftlicher Reglementierung und sprachlicher Kritik und ist in den meisten Fällen für den Betroffenen negativ. Wie genau sich das darstellt, wird im Folgenden beschrieben: Zuerst wird die Beziehungsstruktur des Klatsches aufgezeigt, wer an einem Klatschgespräch beteiligt ist und welche Beziehung zueinander besteht. Anschließend wird mit der Gesprächsstruktur die technische Umsetzung des Klatsches dargelegt. Schließlich folgt eine Wiedergabe der sozialen Aspekte des Klatsches. Der Vollständigkeit halber wird auf die mediale Form des Klatsches verwiesen. Ist der Klatschbegriff dann weitestgehend vollständig dargestellt, wird er von anderen Formen des informellen Gesprächs, des Gerüchts und des Lästerns, abgegrenzt.

---

[49] Vgl. hierzu insbesondere die Arbeit von Althans, Birgit (1985): „Halte dich fern von den klatschenden Weibern...". Zur Phänomenologie des Klatsches. In: Feministische Studien, Jg. 4., H. 2, S. 46-53.

## 2.2.1 Die Beziehungsstruktur von Klatsch

Die Voraussetzung für eine erfolgreiche Kommunikation ist, dass sie innerhalb einer festen sozialen Einheit stattfindet, wie sie in den gängigen Kommunikationstheorien[50] erläutert wird. Wengerzink betont die Sprache als Voraussetzung für ein Zustandekommen einer Gemeinschaft.[51] Für den Kommunikationsprozess in einer sozialen Einheit sind bestimmte Elemente obligatorisch: So gibt es eine Quelle, einen Sender, einen Kanal, einen Empfänger und einen Adressaten.[52] Übertragen auf die Beziehungsstruktur des Klatschgesprächs ist auch von einer Triade die Rede. Die erste Position nimmt der Klatschinitiator bzw. Klatschproduzent ein, der eine Information mittels der Sprache weitergibt. Der Klatschrezipient ist der Adressat einer Information und nimmt diese auf. Das Thema des Gesprächs bildet das Klatschobjekt bzw. das Klatschopfer. Auch Kieserling erkennt die Dreiheit für kommunikationsinterne Konstrukte: „Wer überhaupt als anwesend behandelt wird, der kommt zugleich als Autor, Adressat und als unterschwelliges Thema von Kommunikation in Betracht."[53] Damit wird gleichzeitig deutlich, dass die Rollenverteilung beim Klatsch zwar für ein laufendes Gespräch, nicht aber generell festgelegt ist, und jeder der Beteiligten prinzipiell jede Rolle einnehmen kann. Allerdings unterliegt das Zustandekommen eines Klatschgesprächs strukturellen, korrelierenden Voraussetzungen: der Bekanntheit, der Abwesenheit und der Privatheit. Zunächst müssen die Klatschbeteiligten miteinander bekannt sein. Diese Bekanntschaft garantiert ein Mindestmaß an gegenseitigem Wissen respektive Vertrautheit. Denn nur wenn auf eine gemeinsame Wissensgrundlage zurückgegriffen wird, sind Themen von und über die Klatschbeteiligten von Interesse. Besteht zwischen den Beteiligten keine persönliche Beziehung, sind Informationen über sie auch nicht relevant. Bergmann erklärt, „dass dieses reziproke Verhältnis von Bekanntschaft die primäre Beziehungsstruktur der Klatschtriade bildet."[54] Die Ausnahme stellt jedoch ein intimes soziales Verhältnis zwischen mindestens zwei der Beteiligten – bspw. der Eheleute – dar. In diesem Fall gilt eine

---

[50] Bspw. Burkart (1992): Kommunikationstheorien. Wien: Braumüller; Staffeldt, Sven (2008): Einführung in die Sprechakttheorie: ein Leitfaden für den akademischen Unterricht. Tübingen: Stauffenburg-Verlag.
[51] Vgl. Wengerzink (1997): Klatsch als Kommunikationsphänomen, S. 80.
[52] Ebd. S. 80.
[53] Kieserling (1999): Kommunikation unter Anwesenden, S. 312.
[54] Vgl. Bergmann (1987): Klatsch, S. 69.

Person als virtuell anwesend, was sie als Klatschobjekt ausschließt.[55] Damit wird die zweite Voraussetzung eingeführt: die Abwesenheit des Klatschobjektes. Kieserling sieht darin ein Strukturmerkmal von Klatsch, denn die Abwesenheit des Klatschobjektes ermöglicht erst das Gespräch über dieses. „Die Kommunikation über Anwesende ist zugleich eine Kommunikation mit ihnen, und das verhindert die andernfalls mögliche ‚Objektivierung' des anderen zu einem bloßen Thema von Kommunikation."[56] Die Abwesenheit ist notwendig, weil privates Wissen weitergetragen wird. Bergmann hält für privates Wissen fest, dass es erstens sozial segregiert, denn nicht alle Mitglieder einer sozialen Einheit können auf alles Wissen zurückgreifen, sondern bestimmtes Wissen steht nur einzelnen Mitgliedern zu Verfügung, eben weil es den Bereich des Privaten betrifft. Daraus ergibt sich ein gewisser Exklusivitätscharakter und Neuigkeitswert.[57] Potentiell jedoch können die Informationen für alle anderen Mitglieder der sozialen Einheit ebenfalls von Interesse sein. So wird etwas schnell weitererzählt, was eigentlich nur für einen intimen Kreis gedacht war, die gemeinsame Bekanntschaft aber dazu verleitet, dieses Wissen teilen zu wollen. Damit begibt sich der Klatschende auf ein unsicheres Terrain, denn zweitens ist privates Wissens moralisch kontaminiert. Das Wissen, das publiziert wird, liegt in dem Bereich der zu respektierenden Privatsphäre.[58] Und da Klatsch wegen seines negativen gesellschaftlichen Rufes zwar praktiziert wird, jedoch nicht akzeptiert wird, kann ein exzessives Verbreiten intimer Angelegenheiten das eigene Ansehen schädigen, indem man als klatschhaft gilt und generell aus intimen sozialen Situationen ausgeschlossen wird. Drittens, stellt Bergmann heraus, habe das private Wissen nur dann einen Wert, wenn dieses Wissen eine Diskrepanz zwischen der realen und der virtuellen sozialen Identität des Klatschobjektes aktualisiere.[59] Die weitergetragene Information ist dann relevant, wenn sie nicht mit der Selbstpräsentation des Objektes übereinstimmt.[60] Konkret heißt das, dass Klatsch in einer Runde sich gegenseitig Bekannter stattfindet. In dieser Runde unterhalten sich zwei über einen abwesenden Dritten, weil einer eine Neuigkeit über diesen Dritten zu berichten weiß, die er exklusiv erhalten

---

[55] Vgl. Bergmann (1987): Klatsch, S. 71.
[56] Kieserling (1999): Kommunikation unter Anwesenden, S. 313.
[57] Bergmann (1987): Klatsch, S. 78f.
[58] Ebd. S. 79.
[59] Vgl. Bergmann (1987): Klatsch. S. 79.
[60] Vgl. ebd. S. 79.

hat. Diese Neuigkeit wiederum bedeutet, dass der Abwesende durch sein Verhalten Anlass gegeben hat, über ihn zu berichten. Dies ist immer dann der Fall, wenn er sich nicht regelkonform verhalten hat. Die Abwesenheit des Objektes ist zwingend notwendig, um einen offenen Konflikt zu vermeiden. Denn wäre dies nicht gegeben, könnte erstens kein privates Wissen weitererzählt werden und zweitens hätte das Klatschopfer in dem Fall, dass sein nonkonformes Verhalten doch zur Sprache käme, die Möglichkeit, Stellung zu beziehen.[61] Wengerzink bezeichnet diese Konstellation einer Person A, die persönlich mit einer Person B über die abwesende Person C spricht, als Klatsch ersten Grades.[62] Die Beziehung des Klatschproduzenten zu dem Klatschrezipienten entspricht einer Klatschkoalition.[63] Diese Bezeichnung verweist darauf, dass sich Klatschproduzent und Klatschrezipient auf eine Art des gegenseitigen Vertrauensverhältnisses einlassen, an das gewisse Bedingungen geknüpft sind. Denn nicht nur der Verbreiter von Klatschnachrichten hantiert mit „moralisch kontaminierte[m] Wissen" aus dem Bereich der Privatsphäre des Objektes. Auch der Empfänger von Klatsch geht aufgrund seiner Zuhörbereitschaft das Risiko ein, dass er durch den Umgang mit Klatsch gesellschaftlich diskreditiert wird. Das Verbreiten wie auch das Empfangen von Klatsch überschreitet die Grenze der zu respektierenden Privatsphäre des Objektes; Dinge, die das Klatschobjekt im Vertrauen dem Klatschbetreiber erzählt hat oder die eindeutig nicht für die Öffentlichkeit bestimmt sind, werden an den Rezipienten weitergegeben. Dieser wiederum dringt in die Privatsphäre ein, indem er die Nachricht hören will. Zudem ist der Klatschrezipient ein potentieller Klatschbetreiber, weil er die Nachricht in einem anderen Gespräch einem neuen Gegenüber weiter erzählen kann. Deshalb ist die Rollenverteilung in einem Klatschgespräch nicht festgelegt.

Außerdem ist Klatsch aufgrund seiner Eigenschaft als exklusive Neuigkeit dazu prädestiniert, weitererzählt zu werden. So stellt Bergmann für den Verbreitungsweg von Klatschinformationen fest, dass sie nicht aufgehalten werden können, jedoch die Wahl der Rezipienten den Weg beeinflusst.[64] Des Weiteren fasst er abschließend zusammen: „Die Klatschtriade reflektiert daher in einer konkreten sozialen Situation ein spezifisches Intimitätsmuster im Beziehungsnetz der drei Beteiligten. Das Recht über bestimmte Leute zu

---

[61] Vgl. Kieserling (1999): Kommunikation unter Anwesenden, S. 314f.
[62] Vgl. Wengerzink (1997): Klatsch als Kommunikationsphänomen, S. 80f.
[63] Ebd. S. 82.
[64] Vgl. Bergmann (1987): Klatsch, S. 95.

klatschen, d. h. über ihre persönlichen Angelegenheiten ein – moralisch kontaminiertes – Wissen weiterzugeben oder zu erfahren, ist ein Privileg, das nur auf Personen ausgedehnt wird, die sich wechselseitig als Mitglieder in diesem Beziehungsnetz anerkennen."[65]

## 2.2.2 Die Gesprächsstruktur von Klatsch

Nach Bergmann ist die Grundvoraussetzung für Klatsch das Zusammentreffen der Kommunikationstriade.[66] Dieses Zusammentreffen geschieht nicht willkürlich, sondern ist durch äußere Faktoren beeinflusst. Er unterscheidet für die situative Einbettung von Klatsch zwischen Handlungskontexten der Geselligkeit und denen der Arbeit.[67] Demnach findet Klatsch erstens als eine rein gesellige Interaktion statt, bspw. das explizite Treffen, um zu klatschen, wie es der Begriff Kaffeeklatsch[68] beinhaltet. Des Weiteren zählt er zu dieser ersten Kategorie auch müßiggängerische Gruppen, denen er attestiert: „[Sie befinden sich] gleichsam im Zustand ständiger Klatschbereitschaft. Ihren Gesprächen ist […] ein hohes Maß an lokaler Sensitivität eigen, d. h. in diesen Gesprächen kann alles, was sich vor Ort, im Wahrnehmungsbereich der Beteiligten ereignet, unmittelbar sprachlich aufgenommen, thematisiert […] werden."[69] Diese beiden ersten Gruppen sind für Klatsch prädestiniert, da ihre Geselligkeitsform dem reinen Informationsaustausch entspricht. Sie kommen zusammen, um zu sprechen, sind gesellschaftlich aber auch diskreditiert. Daneben gibt es eine gesellschaftlich akzeptierte Form der Geselligkeit, wo der gegenseitige Neuigkeitsaustausch nicht vordergründiger Anlass des Zusammenkommens ist, sondern eher ein Nebenprodukt wie bspw. bei Festen. In dem Bereich der Arbeit entspricht das zufällige Zusammentreffen dem Pausenklatsch, wobei die Kommunikation genutzt wird, um Pausen und Wartezeiten zu überbrücken und der Klatsch nicht auf Kosten der Arbeit geht: „Klatsch gilt als gesellige Untätigkeit und damit als unvereinbar mit Arbeit. Wer auf Kosten seiner Arbeit klatscht, gerät in die doppelte Gefahr, nicht nur als indiskret, sondern zugleich als faul verrufen zu werden."[70]

---

[65] Bergmann (1987): Klatsch, S. 96.
[66] Vgl. ebd. S. 99.
[67] Vgl. ebd. S. 99-111.
[68] Eine Übersicht zur Entstehung des Kaffeeklatsches bietet die Arbeit von Althans (1985): „Halte dich fern von den klatschenden Weibern…", S. 49-52.
[69] Bergmann (1987): Klatsch, S. 103.
[70] Ebd.

Alle Bereiche unterstehen allerdings dem negativen Ruf des Klatschens. Das spiegelt sich bei der Eröffnung des Klatschgesprächs wider: Der Klatschinitiator muss zunächst klären, ob das Klatschobjekt dem Rezipienten bekannt ist. Ist dies der Fall, folgt die Absicherung der Klatschbereitschaft.[71] Denn weil Klatsch gesellschaftlich ambivalent angesehen wird, kann ein versuchtes Klatschgespräch dem Betreiber negativ ausgelegt werden, wie Kieserling feststellt: „Der Versuch Aufmerksamkeit und Unterstützung der Anwesenden gegen einen abwesenden Missetäter zu mobilisieren, wird nicht in jedem Fall unternommen, und nicht jeder Versuch in dieser Richtung ist auch erfolgreich."[72] Denn erstens darf der Rezipient dem Opfer nicht zu nahe stehen, weil ansonsten der Klatsch als persönlicher Angriff angesehen würde, und zweitens unterliegt Klatsch einer hohen Thematisierungsschwelle. Klatsch besitzt ein hohes Konfliktpotential und Themen, die vorhersehbar beim Gesprächspartner negativ aufgefasst werden, sind von vornherein ausgeschlossen.[73] In der Eröffnungsphase des Klatschgesprächs bemüht sich der Klatschinitiator darum, möglichst einvernehmlich mit dem Adressaten, herauszubekommen, wie viel gemeinsames Wissen über das Objekt vorliegt, und ob der Adressat bereit ist, dieses Wissen zu teilen. Denn wie Bergmann für die Klatscheinladungen problematisiert, gilt es zunächst für den Betreiber zu vermeiden, durch ungewolltes Klatschen in den Ruf der Klatschhaftigkeit zu geraten, dann aber genauso für den Klatschrezipienten. Bergmann stellt verschiedene Techniken vor, wie die Klatscheinladungen durchgeführt werden können. So signalisiert eine wiederholte Thematisierung scheinbar unverfänglicher Details Interesse am Geschick eines gemeinsamen Bekannten.[74] Oder bereits vorhandenes Wissen wird mit evaluativen Markierungen versehen und dem Gesprächspartner zur Detaillierung und Kommentierung vorgelegt.[75]

Ist die Klatscheinladung angenommen worden, gilt für die anschließende Klatschsequenz wie auch für nachfolgende Gespräche, dass keine weiteren Klatschinitiierungen mehr nötig sind. Die Klatschgeschichte kann erzählt werden, wobei Bergmann dezidiert darauf verweist, dass das Gespräch nicht

---

[71] Ebd.: Bergmann bezeichnet das Überprüfen der Bekanntheit und Klatschbereitschaft als Prä-sequenzen und sieht sie als Koordination der Handlungen der Interagierenden im Vorfeld des Gesprächs. Vgl. ebd. S. 114.
[72] Kieserling (1999): Kommunikation unter Anwesenden, S. 320.
[73] Vgl. Kieserling (1999): Kommunikation unter Anwesenden, S. 315f.
[74] Vgl. Bergmann (1987): Klatsch, S. 121.
[75] Vgl. ebd. S. 123.

nur die plane Ereigniswiedergabe umfasst, sondern die Geschichte durch den Erzähler gleichzeitig interpretiert wird. Er stellt dabei fünf kohärente Merkmale heraus: Die Information muss es wert sein, erzählt zu werden, das steigert zusätzlich den Unterhaltungswert; die Geschichte muss glaubhaft sein, denn Übertreibungen trüben die Autorität des Erzählers; von Vorteil ist, wenn eine Neuigkeit passiv zuteilwurde, das schließt den Verruf der Klatschhaftigkeit aus; das Geschehene wird durch den Initiator bewertet und kommentiert und letztlich wird das Objekt durch die interpretierte und bewertete Geschichte zum sozialen Typus gesteigert.[76] Daraus kann die zentrale These für Klatschgespräche hervorgehoben werden: „Erst dadurch [gemeint ist die Kommentierung und Generalisierung von Klatschwissen, J.F.] – und nicht bereits durch die ‚nüchterne' Erzählung einer Geschichte über ein Ereignis aus dem privaten Bereich eines Bekannten – erhält seine Darstellung den genuinen Charakter von Klatsch."[77] Das heißt, dass das Klatschgespräch an sich gar keinen Klatsch wiedergibt. Stattdessen entsteht Klatsch erst dann, wenn ein Verhalten, ein Ereignis, ein Geschehen durch zwei Bekannte verbalisiert, eingeordnet, an sozialen Maßstäben bemessen, bewertet und interpretiert wird, entsteht Klatsch. Demnach fängt Klatsch erst nach dem Klatschgespräch an, indem das Klatschobjekt bewertet und kommentiert wird. Dabei bewegen sich die Klatschakteure an der Grenze von gesellschaftlich respektiertem und gesellschaftlich nicht respektiertem Handeln, denn Klatsch bewertet ein Fehlverhalten, verletzt dabei aber die Privatsphäre des Klatschobjektes. Ein Klatschgespräch ist zu Ende, wenn die Klatschgeschichte erzählt ist. Anschließend kann ein weiteres Klatschgespräch geführt werden, wobei die Rollen des Klatschinitiators und des Rezipienten wechseln können und ein neues Klatschobjekt Inhalt des Dialoges sein kann.

Dass ein Klatschgespräch (über die bloße Wortmitteilung hinaus) neben seinem negativen Ruf jedoch auch kunstvoll anmuten kann und einen weiteren Beleg für die Komplexität und Ambivalenz des Phänomens darstellt, hat Hess-Lüttich treffend zusammengefasst: „Die Wirkung kunstvollen Klatschens beruht auf phantasievoller Verknüpfung des Aufgeschnappten, auf plausibler Motivation seiner Preisgabe. Zu krasse Übertreibung beeinträchtigt die Glaubwürdigkeit, eine dezente Anspielung, eine halbe Vermutung, ein bedeutungsvolles Schweigen an der richtigen Stelle, ein vielsagender Blick,

---

[76] Vgl. Bergmann (1987): Klatsch, S. 139 f.
[77] Ebd. S. 139.

ein schwebendes Offenlassen, das eigene Erschrecken über ein scheinbar ungewollt entschlüpftes innuendo – der Gesprächspartner zieht selbst den gewünschten Schluss, ohne dass er sich auf explizit Geäußertes berufen kann."[78]

### 2.2.3 Mediatisierter Klatsch

An dieser Stelle sei auf eine Sonderform des Klatsches hingewiesen: der mediatisierte Klatsch in Zeitungen oder Briefen. Dabei lassen sich zwei Formen festmachen: Einmal, was Bergmann und Wengerzink als Prominentenklatsch[79] bezeichnen und im privaten Bereich stattfindet. Daneben steht der entpersonalisierte, mediatisierte Klatsch.[80] Dem Prominentenklatsch oder, wie Wengerzink kategorisiert, Klatsch zweiten Grades[81], entspricht die Konstellation eines Klatschproduzenten im Austausch mit einem Rezipienten über das abwesende Klatschobjekt. Der Unterschied zu einem regulären Klatschgespräch besteht darin, dass die Bekanntschaftsrelation zwischen Klatschkoalition und Klatschobjekt einseitig ist.[82] Meist handelt es sich bei dem Objekt um einen Prominenten, der dem Klatschbetreiber wie auch dem Rezipienten nicht persönlich, sondern aus den Medien bekannt ist. Für das Verhältnis von Bekanntheit und Bekanntschaftskreis des Klatschobjektes gilt, dass die Bekanntheit wesentlich größer ist als der Bekanntschaftskreis,[83] denn die Klatschakteure stehen nicht in einer persönlichen Beziehung zu dem Objekt und haben zu ihm keinen persönlichen Zugang.[84] Dass diese Form des Klatsches dennoch häufig praktiziert wird, liegt einmal an dem großen Unterhaltungswert; daneben gilt: „Je mehr Klatsch ausgetauscht wird, umso stärker wird die persönliche Beziehung der beiden Klatschteilnehmer zueinander."[85] Auch hierin zeigt sich die Ambivalenz des Klatsches, denn neben den

---

[78] Hess-Lüttich (1984): Kommunikation als ästhetisches Problem, S. 137.
[79] Vgl. Bergmann (1987): Klatsch, S. 69; Wengerzink (1997): Klatsch als Kommunikationsphänomen, S. 83f.
[80] Vgl. Wengerzink (1997): Klatsch als Kommunikationsphänomen, S. 84; Lauf, Edmund (1990): Gerücht und Klatsch. Die Diffusion der „abgerissenen Hand". Berlin: Wissenschaftsverlag Volker Spiess. Hier S. 25.
[81] Vgl. Wengerzink (1997): Klatsch als Kommunikationsphänomen, S. 83.
[82] Vgl. Bergmann (1987): Klatsch, S. 69.
[83] Vgl. ebd. S. 69.
[84] Vgl. Wengerzink (1997): Klatsch als Kommunikationsphänomen, S. 83.
[85] Ebd.

schlechten Eigenschaften, die ihm nachgesagt werden, beinhaltet er durchaus positive soziale Faktoren.

Der entpersonalisierte, mediatisierte Klatsch verfolgt die gleichen Ziele: Auch er soll durch die Publizierung delikater privater Angelegenheiten zu allererst unterhalten. Des Weiteren dient er als gruppenstabilisierendes Moment. Der Unterschied liegt in der Beziehungsstruktur der Beteiligten. Beim mediatisierten Klatsch ist der Klatschbetreiber keine Einzelperson, sondern eine Organisation, die mit dem Klatsch handelt.[86] Der Klatsch wird zu Kommerzialisierungszwecken aufbereitet und im Gegensatz zu dem Klatschgespräch lediglich passiv aufgenommen. Deswegen handelt es sich laut Wengerzink um eine Pseudokommunikation.[87] Auch Lauf bestätigt: „Medienvermittelter Klatsch ist als Phänomen des Hörensagens zu begreifen, wenn sich die Kommunikation nicht direkt auf die Medien bezieht."[88] Das Klatschobjekt steht wie beim Prominentenklatsch in keiner Beziehung zu den Klatschakteuren, und in diesem Fall besteht auch keine Relation zwischen Klatschproduzent und Klatschrezipient. Indem der Klatschrezipient jedoch mediatisierten Klatsch konsumiert, transportiert er den Klatschinhalt in seinen sozialen Bereich und verwandelt den Mediengegenstand in Klatschgegenstand.

## 2.2.4 Die soziale Dimension des Klatsches

Die soziale Dimension des Klatsches verbindet die distinkten Bereiche der beziehungs- und gesprächsstrukturellen Voraussetzung sowie der Sonderformen des Klatsches. So verortet bspw. Kieserling Klatsch in der Spannung zwischen Interaktion und Gesellschaft: „Es geht also, wenn um Klatsch dann um den Gebrauch, den die Interaktion unter Anwesenden von der Moral der Gesellschaft macht."[89] Auch Bergmann attestiert Klatsch die Fähigkeit, die sozialen Elemente Moral, Gruppe und Information zu vereinen und darin seine Wirkung zu entfalten.[90] Und bezogen auf die Kommunikation von Klatsch erkennt Hess-Lüttich in ihm eine Strategie im Beziehungsnetz von Kommunikationsverhältnissen.[91] Die soziale Dimension von Klatsch, die

---

[86] Vgl. Wengerzink (1997): Klatsch als Kommunikationsphänomen, S. 84.
[87] Vgl. ebd. S. 85.
[88] Lauf (1990): Gerücht und Klatsch, S. 25.
[89] Kieserling (1999): Kommunikation unter Anwesenden, S. 303f.
[90] Vgl. Bergmann (1987): Klatsch, S. 210.
[91] Vgl. Hess-Lüttich (2000): „Die bösen Zungen…", S. 131.

schon in der vorangegangenen Untersuchung des Phänomens rudimentär behandelt wurde, wird im Folgenden anhand von vier Theorien erläutert, die das Phänomen in einen umfassenden Erklärungszusammenhang stellen.[92]

Den Grundpfeiler der sozialen Komponente von Klatsch bildet die Trias aus Moral, Information und Gesellschaft.[93] So wird die paradoxe Grundstruktur verständlich; denn Klatsch ergibt sich aus dem Zusammenspiel der drei Faktoren und kann nicht schwerpunktmäßig auf einen Aspekt reduziert werden. Die strukturfunktionalistischen Theorien zu Klatsch basieren darauf, dass ein Aspekt vordergründig als konstitutionelles Merkmal herausgestellt wird. Dennoch wäre es verkehrt, den Theorien ihre Veritabilität grundsätzlich abzusprechen. Für den jeweils einzeln beleuchteten Aspekt aus der Triade sind sie durchaus anwendbar. Die erste Theorie, die hauptsächlich die Frage der Moral tangiert, besagt, Klatsch sei ein Mittel der sozialen Kontrolle.[94] Bergmann erkennt dabei im Klatsch ein typisches informelles Kontrollmittel und erläutert, dass es in kleinen, stabilen, moralisch homogen strukturierten Gruppen oder Gesellschaften angewandt wird.[95] Kieserling schließt sich der Aussage an, dass Klatsch auf der Ebene der Gesellschaft ein fehlendes Rechtssystem ersetzen kann.[96] Denn Klatsch wirkt als soziales Kontrollmittel, indem ein nonkonformes Verhalten eines Mitgliedes einer sozialen Einheit im Gespräch mit den eigenen Normen und Werten abgeglichen, bewertet und sanktioniert wird. Bergmann modifiziert, dass diese Kontrollfunktion nicht nur in Bezug auf deviantes Verhalten gilt, sondern auch für die Klatschteilnehmer eine Funktion hat, „insofern diese sich in kritischer und mißbilligender Weise auf das abweichende Verhalten eines anderen beziehen und damit implizit die Geltung geteilter Normen und Werte bestätigen."[97] Für die Mitglieder einer sozialen Einheit gilt ein gemeinsames Normen- und Wertesystem, dessen Einhaltung für alle verbindlich ist. Verhält sich ein Mitglied nonkonform und gelangt dieses Fehlverhalten an die Öffentlichkeit im Sinne der sozialen Einheit, so kann der Klatsch für die übrigen Mitglieder dahingehend verwendet werden, dass sie dieses Fehlverhalten im Gespräch bewerten

---

[92] Vgl. Bergmann (1987): Klatsch, S. 192.
[93] Vgl. ebd. S. 205.
[94] Als erste Vertreter dieser Theorie sind der Soziologe Edward A. Ross (1901): „Social Control: A survey of the foundations of order, New York" und F. E. Lumley (1925): „Means of social control" zu nennen.
[95] Vgl. Bergmann (1987): Klatsch, S. 193.
[96] Vgl. Kieserling (1999): Kommunikation unter Anwesenden, S. 308.
[97] Vgl. Bergmann (1987): Klatsch, S. 194.

und sanktionieren. Das gilt sogar dann, wenn das Fehlverhalten keine unmittelbaren Auswirkungen auf die anderen Mitglieder hat. Auf das Klatschopfer wird der Druck ausgeübt, sich wieder an die gruppenspezifischen Regeln zu halten. Der Zusammenhalt der sozialen Einheit wird also über das gemeinsame Normen- und Wertesystem gesichert. Klatsch als soziales Kontrollmittel bewirkt als bloße Sanktionsdrohung ein normenkonformes Verhalten[98] und bestraft Fehlverhalten. Das heißt, dass das Wissen um eine mögliche Verurteilung bei einem Fehlverhalten ausreicht, um sich an das gemeinsame Normensystem zu halten. Wengerzink bezeichnet es als adhäsives Potential von Klatsch.[99] Denn jedes Missachten der gruppeninternen Normen und Werte wird als Angriff auf die bestehende soziale Einheit gesehen.[100]

Dagegen führt Bergmann zwei Argumente an: Erstens stellt er die Konsequenz von Sanktionierungen in Frage: „Die Gleichzeitigkeit von Verurteilung und Toleranz, von Mißbilligung und Verständnis, von Empörung und Mitleid ist ein konstitutives Strukturmerkmal von Klatsch."[101] Das heißt, dass im Klatsch nicht jedes Fehlverhalten, gemessen an den Normen und Werten, auch verurteilt wird, sondern die Art der Darbringung des Klatschwissens eine Selektion vornimmt. Zudem ist Klatsch selbst eine normmissachtende Praxis[102] und widerspricht ihrer Intention, durch sanktioniertes Fehlverhalten das Einhalten des Normen- und Wertesystems zu erreichen. Diese berechtigten Einwände erfolgen jedoch nur von Bergmann; in anderen Auseinandersetzungen zur sozialen Kontrollfunktion werden sie anscheinend implizit übernommen oder gar nicht erachtet.

Da bei der Theorie der sozialen Kontrollfunktion ein gemeinsames Normen- und Wertesystem als Referenzpunkt obligatorisch ist, wird kurz auf die genaue Bedeutung von Moral und Norm eingegangen: Wengerzink hebt hervor, dass Moral in Bezug auf die Privatsphäre eines Individuums herrscht, die die Bereiche des Geschlechtslebens, des Familienlebens, religiöse Ansichten und Aktivitäten, Berufsleben, die finanziellen Möglichkeiten und das Sozialverhalten umfasst.[103] Dabei meint Moral die „verbindlich geltenden und akzeptierten ethisch-sittlichen Normsysteme des Handelns, der Werturteile,

---

[98] Bergmann (1987): Klatsch, S. 197.
[99] Vgl. Wengerzink (1997): Klatsch als Kommunikationsphänomen, S. 88f.
[100] Vgl. Bergmann (1987): Klatsch, S. 179.
[101] Ebd. S. 183.
[102] Vgl. ebd. S. 183.
[103] Vgl. Wengerzink (1997): Klatsch als Kommunikationsphänomen, S. 86.

Tugenden und Ideale einer Gesellschaft."[104] Die Norm hängt von der Moral ab und bezeichnet die „Maßstäbe für eine wertende Beurteilung menschlichen Handelns im regulativen oder ethischen Sinn."[105] Welche Normen und Werte in einer sozialen Einheit gelten, wird in der Gruppe also weitestgehend selbst festgelegt, jedoch gibt es ethische Regeln, die allgemeingültig und übergreifend sind. So ist bspw. Raub/Diebstahl in jeder Gesellschaft verboten, in anderen Bereichen wie dem Geschlechtsleben können unterschiedliche Regeln gelten.

Die zweite Theorie sieht Klatsch aus gesellschaftlicher Perspektive als einen gruppenstabilsierenden Mechanismus[106] und modifiziert die Theorie der sozialen Kontrolle. Sie klammert den negativen Ruf von Klatsch aus und hebt die positiven sozialen Funktionen hervor, die den Zusammenhalt einer Gruppe stärken. Denn „im Klatsch wird durch die Mißbilligung von Verfehlungen nicht ein Kodex allgemeiner Regeln, sondern die Geltung gruppenspezifischer moralischer Normen und Werte verstärkt."[107] Damit ist gemeint, dass im Klatsch, indem das Fehlverhalten eines Gruppenmitgliedes verbalisiert wird, die Gesprächsteilnehmer gegenseitig ihre Normauffassung und ihr Verständnis des Wertesystems abgleichen und sich ihrer Gültigkeit versichern. Dieser Prozess stärkt die Normen an sich[108], wie Kieserling postuliert. Daneben wird mit dem Anerkennen der Normen und Werte gleichzeitig die Zugehörigkeit zu der Gruppe bzw. sozialen Einheit bestätigt. Wengerzink sieht in dem letzten Punkt einen wesentlichen Grund für Klatsch, nämlich die Befriedigung von Bedürfnissen. Sie extrahiert, aufbauend auf der Bedürfnispyramide von Maslow[109], das Bedürfnis nach Zugehörigkeit und das Bedürfnis nach Wertschätzung und Anerkennung als die für Klatsch relevanten Merkmale.[110] Die Zugehörigkeit wird dahingehend bestärkt, dass erstens Klatschgeschichten nur innerhalb einer festen sozialen Einheit erzählt werden und Nicht-Mitglieder von der Kommunikation ausgeschlossen sind; zweitens wird die Klatschgeschichte anschließend an den gruppenspezifischen Maßstäben ge-

---

[104] Vgl. Wengerzink (1997): Klatsch als Kommunikationsphänomen, S. 86.
[105] Ebd. S. 87.
[106] Max Gluckmann: Gossip and scandal. In: Current Anthropology 4 (1963), S. 307-315, gilt als Begründer dieser Theorie.
[107] Bergmann (1987): Klatsch, S. 199.
[108] Vgl. Kieserling (1999): Kommunikation unter Anwesenden, S. 307.
[109] Vgl. Abraham H. Maslow (1999): Motivation und Persönlichkeit, Reinbek b. Hamburg : Rowohlt.
[110] Vgl. Wengerzink (1997): Klatsch als Kommunikationsphänomen, S. 99-102.

messen. Das verifiziert Wengerzink, indem sie für die Stellung der Wertschätzung bei Klatsch herausarbeitet, „dass durch den Vergleich mit anderen, deren Normverstöße und Fehlhandlungen Gegenstand des Klatsches sind, und die anderen gegenüber geäußert werden, ein positives Selbstbild mit dem positiven Fremdbild des Gegenüber harmonisiert wird und dadurch die Selbstwertschätzung des Individuums wächst."[111] Wertschätzung und Anerkennung erhält das Gruppenmitglied, indem es einerseits eine Information an die Gruppe weitergibt, die eine potentielle Gefahr für den Zusammenhalt darstellt und ihr mit der Benachrichtigung quasi vorbeugt. Andererseits betont es seinen privilegierten Status, weil private Informationen an das entsprechende Gruppenmitglied selbst herangetragen wurden. Hess-Lüttich bspw. sieht in der Degradierung des Objektes eine Selbsterhöhung der Beteiligten.[112]

Weiterhin beinhaltet die gruppenstabilisierende Sichtweise auf Klatsch, dass Klatsch als ein Mittel der Konfliktvermeidung gesehen wird. Das betrifft in erster Linie die Interaktion der Beteiligten. Wie Kieserling ausführlich erarbeitet, gilt es, in einer festen sozialen Einheit offene Konflikte zu vermeiden, weswegen vor allem moralische Themen stark zurückgehalten werden.[113] Aber, so moniert er, „nur eine zweiwertige Moral [ist] eine vollständige und entwicklungsfähige Moral"[114] und deswegen muss Konfliktfähiges thematisiert werden. Klatsch bildet dabei eine Ausweichmöglichkeit, die Aggressionen zu bewältigen, indem nicht ein direkter Konflikt mit dem Kontrahenten eingegangen wird, sondern indem das Ärgernis einem Dritten erzählt wird. Durch diese Technik ist die Einheit der Gruppe nicht gefährdet und ein Konflikt wird verhindert. Ob, wie Thiele-Dohrmann behauptet, Klatsch sogar als Racheakt fungieren kann, bleibt fraglich. Er argumentiert, dass ein zerbrochenes Vertrauensverhältnis dazu animiert, den Verlust in Form von Klatsch zu verarbeiten, das Opfer zu degradieren und sich des Rückhaltes in der Gruppe zu versichern.[115] Hierbei ist fragwürdig, ob die Grenze zwischen Klatsch und einer anderen Kommunikationsform wie der üblen Nachrede korrekt gezogen wurde.

---

[111] Wengerzink (1997): Klatsch als Kommunikationsphänomen. S. 101.
[112] Vgl. Hess-Lüttich (2000): „Die bösen Zungen…" S. 132f.
[113] Vgl. Kieserling (1999): Kommunikation unter Anwesenden, S. 316.
[114] Ebd. S. 317.
[115] Vgl. Thiele-Dohrmann (1995): Der Charme der diskreten Indiskretion, S. 20f.

Die dritte Theorie bildet eine alternative Hypothese und sieht Klatsch als Informationsmanagement.[116] Ausgehend von Klatsch als informativem Dialog, steht hierbei das Individuum im Fokus, wobei seine Eingebundenheit in die Gesellschaft übergeordnet anzunehmen ist. Bergmann kristallisiert drei Punkte heraus, die das Verhalten der Kommunikationsteilnehmer bestimmen. Erstens: „Das vordringliche Interesse eines jeden Klatschakteurs ist es, Informationen über das Geschehen in seiner sozialen Umgebung zu erhalten."[117] Dazu gehört es, zu dem Informationsfluss beizutragen und ihn in Gang zu halten. Das Bedürfnis nach der Befriedigung der Neugier hat wohl seinen maßgeblichen Anteil daran[118] und steuert die Interessen. Zweitens sind Klatschakteure aus persönlichen Gründen, wie der Steigerung der Wertschätzung oder der Machtausübung, daran interessiert, auch für andere aufschlussreiche Informationen, die sie bereits haben, weiterzugeben. Bergmann sieht dahinter das Kalkül des Informationsgewinns, wenn ein Beitrag zum Informationsfluss[119] geleistet wurde, selbst weitere Informationen zu erhalten. Als drittes führt Bergmann das Argument der Interessensdurchsetzung beim Klatschakteur an. Damit beschreibt er die selektierte Wissensweitergabe im Sinne der Moral- und Normenauffassungen des Interpreten.[120] Wengerzink stellt bei diesem Verfahren das manipulative Potential fest, weil die Informationen von vornherein durch den Sprecher subjektiv gefärbt und bereits bewertet sind.[121] Die Informationen, die der Gesprächsteilnehmer bekommt, sind nicht rein faktisch; sie sind subjektiv gefärbt, bewertet und selektiert. Zumal die Beziehungsstruktur keine Wahrheitsüberprüfung zulässt, da diese das Vertrauen der Klatschkoalition in Frage stellen würde.

Viertens komplettiert Bergmanns Theorie von Klatsch als diskreter Indiskretion die bisherige Aufzählung. Seine Feststellung basiert auf einer strukturell-psychologischen Herangehensweise und verortet Klatsch in der Struktur von Bekanntschaftsbeziehungen.[122] Er setzt voraus, dass privatem Wissen die Tendenz zum Klatsch eigen ist, wie dem Geheimnis die Möglichkeit des

---

[116] Robert Paine: What is gossip about? An alternative hypothesis. Man (N.S.), 2 (1967), S. 278-285, ist deren Vertreter.
[117] Bergmann (1987): Klatsch, S. 203.
[118] Vgl. Thiele-Dohrmann (1995): Der Charme der diskreten Indiskretion, S. 17.
[119] Vgl. Bergmann (1987): Klatsch, S. 203.
[120] Vgl. ebd. S. 203.
[121] Vgl. Wengerzink (1997): Klatsch als Kommunikationsphänomen, S. 90f.
[122] Vgl. Bergmann (1987): Klatsch, S. 209.

Verrats.[123] Die Vorüberlegung ist notwendig, um die Herleitung seiner Behauptung nachzuvollziehen. Er geht davon aus, dass Dinge in einem Vertrauensverhältnis erzählt werden, die den Status „privat" aufzeigen und damit gleichsam moralisch kontaminiert sind. Nun steht der Klatschproduzent nicht nur in Beziehung zu dem Klatschopfer, sondern auch zu dem Klatschrezipienten. Erfährt demnach der Produzent eine Neuigkeit, die für ihn und die Gruppe einen Mehrwert hat, gebietet es das Vertrauensverhältnis zum Rezipienten, ihm diese Information nicht vorzuenthalten. „An dieser Stelle tut sich nun die zutiefst widersprüchliche, ja paradoxe Loyalitätsstruktur von Freundschafts- und Bekanntschaftsbeziehungen auf."[124] Diskret ist der Klatschproduzent folglich, weil er eine vertrauliche Information erhält und diese wiederum im Vertrauen weitererzählt. Er erzählt seine Klatschgeschichte nicht willkürlich und nur unter bestimmten Voraussetzungen einem ausgewähltem Gesprächspartner. Indiskret ist er, weil es sich bei dieser Nachricht um eine selbst im Vertrauen zugesprochene Information handelt. „Klatsch verstößt gegen das Diskretionsgebot und respektiert es doch auch gleichzeitig."[125] Bergmann spricht seiner Theorie zu, die Elemente der Triade zu vereinen und erkennt darin auch eine Erklärung für die Ambivalenz von Klatsch: „Durch die öffentliche Ächtung von Klatsch und Indiskretion wird das soziale Beziehungsgeflecht der Klatschakteure […] verstärkt."[126]

Diese vier Theorien verdeutlichen noch einmal, dass die Definition von Klatsch als abwertendes Gerede über einen abwesenden Dritten der Komplexität des Phänomens nicht annähernd gerecht wird. Klatsch ist eine Kommunikationsform im sozialen Beziehungsgefüge, die regulierend auf Bereiche der Moral, der Gesellschaft, der Information und der Beziehungen einwirkt. Inwieweit die einzelnen Aspekte korrelieren und welche Voraussetzungen für ihre Anwendung gelten, lässt sich nur äußerst schwierig dezidiert festlegen. Denn auch wenn sich die Funktionen als soziales Kontrollmittel, als gruppenstabilisierender Faktor, als Information und beziehungsstrukturelles Moment herauskristallisieren lassen, steht dem doch stets das Vergnügen und der hohe Unterhaltungswert des Klatschens gegenüber, die neben den sozialen Funktionen immer mitschwingen und zur unmoralischen Praxis verleiten. So ist

---

[123] Vgl. Bergmann (1987): Klatsch,. 207.
[124] Ebd. S. 209.
[125] Ebd. S. 210.
[126] Ebd. S. 211.

Klatsch von seiner Grundstruktur nicht nur paradox, sondern auch ambivalent und damit schwierig zu fassen.

## 2.3 Klatsch in Abgrenzung zu den Kommunikationsformen „Gerücht" und „Lästern"

Als letzten Punkt gilt es, den informellen Dialog „Klatsch" mit seiner Eigenschaft als bewertendes Gerede von anderen negativ konnotierten Kommunikationsformen wie dem „Gerücht" und dem „Lästern", abzugrenzen, die in ihren strukturellen Eigenschaften ähnlich sind und gesellschaftlich gleichwertig behandelt werden.

Das Gerücht unterscheidet sich nicht nur hinsichtlich seiner Beziehungsstruktur vom Klatsch, auch ist das Gespräch anders strukturiert. Das auffälligste Unterscheidungsmerkmal liegt allerdings in der Intention und der Wirkung, die mit dem Verbreiten von Gerüchten verfolgt werden. Zunächst stellt Weingart folgende konstitutionellen Eigenschaften des Gerüchts vor: Schon der Ursprung eines Gerüchts ist unklar, der Verbreitungsweg ist nicht nachvollziehbar, der Wahrheitsgehalt lässt sich schwer überprüfen und das Gerücht wird mit Informationen angereichert[127], ist also auch kontaminiertes Wissen. Dazu ergänzend gibt Lauf an, dass sich das Gerücht nicht wie der Klatsch auf eine feste soziale Einheit beschränkt, sondern in andere Netzwerke diffundieren kann.[128] Damit herrscht eine grundsätzlich differente Ausgangsposition bei einer Gerüchtekommunikation als beim Klatsch. Auch das Verhältnis der Gesprächsteilnehmer beruht lediglich auf einer entfernten Bekanntschaft; im Gegensatz zum Klatsch ist ein enges Beziehungsverhältnis nicht obligatorisch, denn der Bezugspunkt beim Gerücht ist keine Einzelperson, sondern ein konkretes Ereignis.[129] Doch gerade weil das Gerücht von seiner Anlage her breit ist, muss es in der Kommunikation dem sozialen Kreis des Gesprächspartners angepasst werden: „Eine ursprüngliche Geschichte gewinnt eine bestimmte Form in der Gemeinschaft, in die sie diffundiert. Sie wird angepasst an die wichtigsten Merkmale und entspricht so den

---

[127] Vgl. Weingart, Birgit (2008): Kommunikation, Kontamination und epidemische Ausbreitung. In: Brokoff, Jürgen; Fohrmann, Jürgen; Pompe, Hedwig; Weingart, Birgit (Hg.): Die Kommunikation der Gerüchte. Göttingen: Wallstein Verlag, S. 241-251. Hier S. 245-247.
[128] Vgl. Lauf (1990): Gerücht und Klatsch, S. 85.
[129] Vgl. ebd., S. 26.

sozialen Werten und Normen einer Gruppe."[130] Das Gerücht gestaltet sich demnach als eine Nachricht von allgemeinerem Interesse, dessen Wahrheitsgehalt unverbürgt ist und in dieser Eigenschaft mit Informationen angereichert werden kann, die für die Person, respektive Gruppe, in der es erzählt wird, relevant ist. Der Nachrichten- und Unterhaltungswert des Gerüchts spielt dabei eine dem Faktischen übergeordnete Rolle, sodass die Zuverlässigkeit des Gerüchteverbreiters meist nicht hinterfragt wird. Thiele-Dohrmann begründet diese These mit dem häufigen Aufkommen von Gerüchten in Krisenzeiten, in denen die mündliche Nachricht, meist die einzig zugängliche, als „zuverlässige" Quelle angesehen werden musste, besonders vor dem Aufkommen anderer medialer Institutionen.[131] Jedoch, so modifiziert es Lauf, seien Gerüchte in Krisenzeiten auch nur von einer begrenzten Dauer, wohingegen Klatsch kein Ende aufweise, sondern nur seine Aktualität verliere und gegen weitere Neuigkeiten ausgetauscht wird.[132] Wird allerdings ein Gerücht konkretisiert, indem ein Platzhalter eingesetzt wird, verändert sich der Bezugspunkt.[133] Anstatt nur ein Ereignis zu thematisieren, wird mit der Anspielung auf Personen eine Verbindung zum Rezipienten hergestellt, so dass das Gerücht nicht mehr nur von allgemeinerem, sondern von persönlichem Interesse ist. Das wirkt sich auf den Deutungsversuch im Anschluss an das Gerücht aus, denn auf der persönlichen Ebene lässt sich wiederum ein Klatschgespräch initiieren: „Die Grundeinstellung, die eine Gruppe in ihrem Zusammenhalt auszeichnet, kann in ein Gerücht hineinprojiziert werden und so Klatsch gestalten."[134] Die Annahme, dass konkretisierte Gerüchte zu Klatsch werden können, wird von Thiele-Dohrmanns Analyse der Ursachen für die Gerüchteverbreitung unterstützt. Aus psychologischer Sicht sieht er in Gerüchten eine Projektion eigener Defekte, die durch nicht erfüllte gesellschaftliche Anforderungen entstehen, auf andere Personen, „wodurch man sich selbst für unausgelebte, ‚verbotene' Handlungen, die man selbst vielleicht gern begangen hätte, schadlos halte."[135] Solcherart Gerüchte können aber vom Gerüchte-Opfer dementiert werden, weil die Nachricht unverbürgt ist. Darin unterscheidet sich das Gerücht vom Klatsch elementar; Klatsch

---

[130] Vgl. Lauf (1990): Gerücht und Klatsch, S. 31.
[131] Vgl. Thiele-Dohrmann (1995): Der Charme der diskreten Indiskretion, S. 60.
[132] Vgl. Lauf (1990): Gerücht und Klatsch, S. 34.
[133] Vgl. ebd. S. 31.
[134] Ebd. S. 37.
[135] Thiele-Dohrmann (1995): Der Charme der diskreten Indiskretion, S. 64.

beinhaltet bezeugte Informationen, die auf den Verbreiter negativ zurückfallen und Sanktionen nach sich ziehen können. Gerüchte hingegen haben keine Auswirkungen auf eine spezielle soziale Einheit, weil sie allgemeine Ereignisse thematisieren und sich im Sonderfall durch konkretisierte Gerüchte dementieren lassen. Bei Gerüchten stehen der Unterhaltungswert und das Spekulieren als Kommunikationsvorgang eindeutig im Vordergrund, zumal die übermittelte Information keine Neuigkeit sein muss. Auch Weingart sieht in den eingangs dargebrachten Eigenschaften die treibende Kraft für die Verbreitung von Gerüchten: „Gerade dass sie [die Gerüchte] unbestätigt sind, hält die Zirkulation dieser Nachrichten und ihre kollektive Erörterung in Gang."[136] Gerüchte haben keine konkrete Bedeutung für eine soziale Einheit, außer zu unterhalten.

Lästern ist Klatsch der Beziehungsstruktur und der sozialen Funktion nach ähnlich. Die distinktiven Merkmale liegen beim Lästern auf der inhaltlichen Ebene. Auch für ein Lästergespräch ist die feste soziale Einheit die Voraussetzung. Außenstrukturell agieren wenigstens zwei Gesprächspartner miteinander, die ein abwesendes Gruppenmitglied thematisieren. Dabei gilt die gegenseitige und allgemeine Bekanntheit zwischen den Gesprächspartnern wie jeweils zum Lästerobjekt.[137] Anders als beim Klatsch ist die Information allerdings nicht exklusiv und sie besitzt keinen Neuigkeitswert; die Lästerakteure rekurrieren auf ein gemeinsames, gleichwertiges Wissen. „Diese Wissensbestände beziehen sich auf zurückliegende dispräferierte Erlebnisse zumeist mehrerer am Lästern beteiligter Personen mit dem/der jeweils aktuell diskutierten AuslöserIn des Lästerns."[138] Das Lästergespräch hat wie Klatsch eine gruppenstabilisierende, distinktive und identifikatorische Funktion, die gruppenintern als Konfliktvermeidungsmechanismus fungiert.[139] Dafür wird aber kein Fehlverhalten diskutiert, die Gesprächsteilnehmer kommentieren ablehnenswerte Eigenschaften. Eine humoristische, parodistische Auseinandersetzung mit devianten Verhaltensweisen oder Ansichten des Objektes steht beim Lästern im Vordergrund[140] und bildet damit ein wesentliches Unterscheidungsmerkmal zu Klatsch. Da es sich beim Lästern nicht um das Verbalisieren kontaminierten Wissens handelt, haben die Beteiligten

---

[136] Weingart (2008): Kommunikation, Kontamination, S. 241.
[137] Vgl. Schubert, Daniel (2009): Lästern, S. 295.
[138] Vgl. ebd. S. 83.
[139] Vgl. ebd. S. 84.
[140] Vgl. ebd. S. 83.

auch keine so folgenschweren Konsequenzen zu befürchten wie Klatschteilnehmer. Ihr Gespräch basiert auf einer gemeinsamen Wissensgrundlage und hat einen hohen Unterhaltungswert. Schubert arbeitet den Unterschied heraus, dass beim Lästern der Initiator keine Selbsterhöhung durch das Aufzeigen devianten Verhaltens anstrebt, sondern eine sprachliche Profilierung, indem durch Imitieren des Lästerobjektes die kommunikativen Fähigkeiten dargestellt werden.[141] Lästern geschieht nicht auf Grundlage des Berichtes einer exklusiven, aber unmoralischen Neuigkeit über einen Abwesenden, sondern auf der Diskussion gemeinsamen Wissens. Dabei werden die abwesende Person nachgeahmt und mit dem gemeinsamen „Lustig-Machen" die soziale Funktion erfüllt.

---

[141] Vgl. Schubert, Daniel (2009): Lästern, S. 84.

## 3. Fontanes Romane: Gesellschaft, Frau, Ehe und Klatsch

### 3.1 Klatsch als Untersuchungsfeld in den Romanen „L'Adultera" und „Effi Briest"

Die nachfolgende Untersuchung der Funktion der Klatschgespräche in Fontanes Gesellschaftsromanen bezieht sich auf „L'Adultera" (1882) und „Effi Briest" (1896). Mit „L'Adultera" wird Fontanes erster Gesellschaftsroman betrachtet, „Effi Briest" wird ihm als Höhepunkt seines literarischen Schaffens gegenübergestellt. Beide Romane thematisieren den Ehebruch einer gesellschaftlich etablierten, wohlsituierten jungen Frau und die gesellschaftlichen sowie persönlichen Folgen ihres Handelns. Zudem beruhen beide Romane auf tatsächlichen Skandalen, die Fontane seiner Romanauffassung gemäß zu eben den oben genannten Romanen verarbeitet hat. Damit liegt eine adäquate Vergleichsbasis vor.

Das Gespräch und den Klatsch betreffend wurde im zweiten Kapitel herausgestellt, dass auch bei diesen Aspekten der Schwerpunkt auf der sozialen Komponente liegt. Das Gespräch rückt den Menschen und das Menschliche in den Vordergrund; ein Gesellschaftsbild ergibt sich, indem die verschiedenen Figurenansichten in Gesprächsform gegenübergestellt, subjektive Meinungen mit denen anderer konfrontiert und differente Aspekte von Themen beleuchtet werden. Gesellschaftskritik kann zum einen in der konfliktbeladenen Meinungsdarstellung verortet werden, die eine Potenzierung im verdoppelten Erzählniveau erfährt. Zum anderen wird Kritik auch aus dem Gesamtzusammenhang der Erzählung ersichtlich. Das Gespräch eignet sich dahingehend, die verschiedenen Facetten der Gesellschaft zu erfassen und zusammen zu führen. Das Klatschgespräch hat in der dargebrachten Interaktion eine besondere Qualität, denn in ihm werden die Werte und Normen aufgezeigt, die für die soziale Einheit gültig sind, indem sie über das diskutierte abweichende Verhalten eine Hervorhebung erfahren. Klatsch wird in dem paradoxen Zusammenspiel der Bereiche Gesellschaft, Kommunikation und Moral positioniert und ist daher für eine Analyse der entsprechenden Aspekte des Gesellschaftsromans prädestiniert. Soll ein gesellschaftskritischer Zustand aufgezeigt werden, der exemplarisch durch die Konfrontation einer jungen Frau mit der Gesellschaft und ihrer Moral evoziert wird, dann eignet sich die verbale Auseinandersetzung, die eben diese moralische Grenzüberschreitung in den gesellschaftlichen Folgen beschreibt. Fontane selbst sagt: „Die Details sind mir ganz gleichgiltig – Liebesgeschichten in ihrer schauderösen Ähnlichkeit haben etwas Langweiliges – aber der Gesellschaftszustand, das Sittenbildliche, das versteckt und gefährlich Politische, das diese Dinge haben, das ist es, was mich so daran interessiert."[142] Da Fontane ‚moderne Romane' schreibt, wobei ‚modern' die zeitliche Übereinstimmung der außerliterarischen mit der fiktionalen Welt kennzeichnet[143], rekurriert er auf das Bezugssystem des zeitgenössischen Lesers. Damit kann er, abzielend auf die erzieherische Funktion des Romans, den Rezipienten zu einem kritischen Überdenken seines Handelns anregen und Lösungsvorschläge unterbreiten. Das schafft er, indem er das Sozialtypische der vor dem Bedingungshintergrund der gesellschaftlichen und ökonomischen Kräfte seiner Epoche handelnden Menschen im Auge hat und „[...] dass er die in der Fiktion beschriebene Wirklichkeit als defekte, zu verändernde Wirklichkeit in das Bewusstsein des Lesers/der Leserin rückt."[144]

Die Fragen, die sich bei dem Zusammenbringen von Gesellschaftsroman und Klatschgespräch ergeben, sind folgende: Es soll untersucht werden, welche romanimmanenten Funktionen die Klatschgespräche auf struktureller und inhaltlicher Ebene einnehmen. Dabei werden die im Roman angelegten Konflikte fokussiert, die in den Erzählungen in der Erzählung konzentriert zusammengefasst werden. Sie stellen nicht nur Reflexionen des Geschehens dar, sondern sind auch Vorausdeutungen der Handlung und nehmen damit u. a. Einfluss auf den Handlungsablauf sowie das Rezeptionsverhalten des Lesers. Weiterhin ist der Beitrag der Klatschgespräche zum aufgezeigten Gesellschaftsbild von Interesse, da schichtübergreifend die Figuren mit ihren Äußerungen Stellung zu dem Verhalten des Klatschobjektes beziehen. Es bleibt zu untersuchen, ob sich aus den Gesprächen ein allgemein gültiges Normen- und Wertesystem ableiten lässt, oder ob das vorgestellte Bezugssystem nur als Argument für den übergeordneten Romanzweck des Autors anzusehen ist. Dazu wird der Umgang der Figuren mit dem Klatsch betrachtet und

---

[142] Vgl. Wengerzink (1997): Klatsch als Kommunikationsphänomen, S. 131, 132.
[143] Vgl. Radecke, Gabriele (2002): Vom Schreiben zum Erzählen. Eine textgenetische Studie zu Theodor Fontanes „L'Adultera". Würzburg: Königshausen & Neumann. Hier S. 34.
[144] Dethloff, Uwe (2000): Emma Bovary und Effi Briest. Überlegungen zur Entwicklung des Weiblichkeitsbildes in der Moderne. In: Delf von Wolzogen, Hanna; Fischer, Hubertus (Hg.): Theodor Fontane. Am Ende des Jahrhunderts. Internationales Symposium des Theodor-Fontane-Archivs zum 100. Todestag Theodor Fontanes 13.-17. September 1998 in Potsdam. Würzburg: Königshausen & Neumann, Bd. 2 (Sprache, Ich, Roman, Frau), S. 123-134. Hier S. 129.

analysiert, ob sich die Schwerpunkte in den Gesprächen verlagern, neue Aspekte angeführt werden und welche Haltung die Figuren zu dem Thema der Gespräche einnehmen. Klatsch, so lautet die These, stellt eine große Nähe zwischen fiktionaler und realer Welt her, da es eine über Grenzen hinweg praktizierte Kommunikationsform ist. In seiner sozialen Funktion als Kontroll- und Informationsmittel mit gruppenstabilisierender Wirkung werden gesellschaftliche Strategien im Umgang mit deviantem Verhalten herausgestellt. Fontane nutzt diese Eigenschaften, um in seinen Romanen das gesellschaftliche Bezugsystem in Frage zu stellen, und proklamiert Normverstöße im Einzelfall[145] zu betrachten sowie den Menschen mit Menschlichkeit zu begegnen.

### 3.2 „L'Adultera"

1882 erschien „L'Adultera" im Verlag Salo Schottländer, Breslau. Zwei Jahre zuvor wurde bereits ein Vorabdruck in der Monatsschrift „Nord und Süd" publiziert. Seinen ersten Gesellschaftsroman schrieb Fontane in weniger als einem halben Jahr von Dezember 1879 bis April 1880.

Der Roman thematisiert den Ehebruch der Frau des Kommerzienrates Ezechiel van der Straaten, Melanie, geborene de Caparoux, mit dem Volontär Ebenezer Rubehn. Aufgezeigt wird zunächst eine scheinbar harmonische Ehe, deren potentielle Konflikte durch die gegensätzlichen Charaktere sowie den gravierenden Altersunterschied von 25 Jahren der Eheleute bereits durchscheinen. Das in der Berliner Gesellschaft etablierte Ehepaar ist seit zehn Jahren verheiratet und hat zwei Töchter. Der 52-jährige Ezechiel van der Straaten wird als Kunstliebhaber dargestellt, der in Finanzkreisen hoch angesehen ist, in der Gesellschaft wegen seiner ungenierten Redeweise jedoch nicht vorbehaltlos akzeptiert wird. Seine junge Frau Melanie, einer verarmten Genfer Adelsfamilie entstammend, bringen seine zweideutigen Sprichwörter und geflügelten Worte häufig in Verlegenheit, stehen sie ihrer vornehmen Erziehung, die stark auf Konvention und Etikette bedacht ist, doch diametral gegenüber. In dem Hausgenossen Ebenezer Rubehn findet sie einen Gleichgesinnten. Die bereits subtil empfundene Andersartigkeit und Unvereinbarkeit ihres Lebens mit dem van der Straatens wird ihr vollends bewusst. So

---

[145] Vgl. Jeong, Hang-Kyun (Hg.) (2001): Dialogische Offenheit. Eine Studie zum Erzählwerk Theodor Fontanes. Würzburg: Königshausen & Neumann. Hier S. 47.

lässt sie sich auf eine Liaison mit dem etwa gleichaltrigen Rubehn ein, aus der eine Schwangerschaft resultiert. Diese als ausschlaggebenden Anlass nehmend, verlässt Melanie ihren Ehemann und ihre zwei Töchter, um mit Rubehn ein neues Leben zu beginnen. In ihrem Fluchtort Italien wird ihre alte Ehe geschieden, die neue geschlossen und die gemeinsame Tochter geboren. Jedoch verfällt Melanie über den gesellschaftlichen Ausschluss in Depressionen, kann sie jedoch überwinden und stellt sich der Konfrontation mit der Gesellschaft durch ihren Umzug nach Berlin. Vorerst zeigt sich die Gesellschaft unversöhnlich. Nachdem aber der Bankrott des Bankhauses, Rubehns Arbeitsstelle, sie in finanzielle Schwierigkeiten bringt und Melanie mit Lehrtätigkeiten zum Unterhalt beitragen muss, kann sie die Gesellschaft von der Treue zu ihrem neuen Mann und der Richtigkeit ihrer Handlungen überzeugen. Am Schluss des Romans zeigt sich selbst van der Straaten mit der Ehebrecherin versöhnlich.

In der Forschung wird einhellig die Singularität dieses Ehebruchromans festgestellt. Die Einzigartigkeit liegt in dem glücklichen Ausgang, der „L'Adultera" aus der Reihe der Ehebruchromane[146] hervorhebt. Schon die zeitgenössischen Kritiker sahen in dem glücklichen Ende einen skandalösen moralischen Mangel[147], denn der ausgesöhnte Ehebruch kam einer Sanktion des Normverstoßes gleich, der sich über den Dualismus von Schuld und Sühne hinwegsetze, so Plett.[148] Ob, wie Radecke konstatiert, Fontane absichtlich einen kontroverse Meinungen herausfordernden Stoff[149] gewählt hat – oder wie Fontane aussagt – er das Leben und das Urteil geben wolle, wie es liege[150], bleibt offen. Von der Lühe interpretiert die Ausnahme als plausible Motivierung der dargebrachten Versöhnlichkeit der Gesellschaft mit dem

---

[146] Humbert Settler (2001): „L'Adultera". Fontanes Ehebruchgestaltung – auch im europäischen Vergleich. Flensburg: Baltica-Verlag, S. 32-50, führt in seiner Untersuchung neben anderen Ehebruchromanen Fontanes auch Gustave Flauberts „Madame Bovary" (1856/57), Leo Tolstois „Anna Karenina" (1875-1877) und „La Regenta" (1884/85) von Clarín an.

[147] Vgl. von der Lühe, Irmela (1996): „Wer liebt hat recht". Fontanes Berliner Gesellschaftsroman „L'Adultera". In: Fontane-Blätter, H. 61, S. 116-133. Hier S. 116.

[148] Plett, Bettina (1991): „"...kunstgemäß (Pardon)..." – Typisierungen und Individualität. In: Grawe, Christian (Hg.): Fontanes Novellen und Romane. Stuttgart: Philipp Reclam jun., S. 65-91. Hier S. 88.

[149] Vgl. Radecke, Gabriele (1998): Theodor Fontane. L'Adultera. In: Erler, Gotthard (Hg.): Theodor Fontane. Große Brandenburger Ausgabe. Das erzählerische Werk. Berlin: Aufbau-Verlag, Bd. 4. Hier S. 175.

[150] Vgl. Brief an Paul Lindau, 14. Januar 1880. In: Brinkmann (1973): Theodor Fontane, S. 262.

Ehebruch und der Wiederheirat, zudem als konsequente Bestätigung dieses Einzelfalls.[151] Müller-Seidel hingegen sieht in dem glücklichen Ausgang eine billige Lösung, die den tragischen Ausgang des Romans verhindern soll.[152]

Dagegen wurde die Gestaltung der Figuren durch ihre Sprechweise seitens der Kritiker gelobt.[153] Hermann Meyer schließt sich dem an und sieht als Grund für das Gelingen Fontanes außerordentliche Treffkraft des Ausdrucks.[154] Besonders die Figur van der Straaten sticht durch die adäquate Verbindung von seiner Redeweise mit seinem Charakter hervor, so dass er als heimliche Hauptfigur in der Fontanerezeption geführt wird.[155] Seine Darstellung überwiegt jedoch im ersten Teil des Buches und drängt die Protagonistin Melanie in der Aufmerksamkeit des Lesers in den Hintergrund. Mit der Ablösung van der Straatens durch Rubehn vollzieht sich dann erzählerisch ein Wechsel. Für Meyer ist der zweite Teil „[…] matt und wenig überzeugend."[156] Demetz bemerkt, dass sich mit dem Wegfall van der Straatens das Erzähltempo und die Sehnigkeit ändert und das Buch in die Sphäre der Familienzeitschrift zurücksinke.[157] Das liegt unter anderem daran, dass die Figuren Melanie und Rubehn sehr ähnlich und dazu schwach[158] gestaltet und laut Demetz keine Sympathieträger sind.[159] Das gesteht auch Fontane in einem Brief an Otto Brahm ein: „Was über Ruben oder Rubehn gesagt ist, was ferner über meine Manier, alles sprungweis zu behandeln […] alles ist richtig, alles unterschreib ich. Ganz vorzüglich ist auch der Schluß, wenn auch vielleicht nicht in der Motivierung."[160]

---

[151] Von der Lühe (1996): „Wer liebt hat recht.", S. 117.
[152] Vgl. Müller-Seidel, Walter (1980): Theodor Fontane: soziale Romankunst in Deutschland. Stuttgart: J.B. Metzlersche Verlagsbuchhandlung. Hier S. 168, 179.
[153] Vgl. Jeong (2001): Dialogische Offenheit, S. 34.
[154] Vgl. Meyer, Herman (1973): Theodor Fontane. ‚L'Adultera' und ‚Der Stechlin'. In: Preisendanz; Wolfgang (Hg.): Theodor Fontane. Darmstadt: Wissenschaftliche Buchgesellschaft, S. 201-232. Hier S. 202f.
[155] Vgl. Wessels, Peter (1972): Konventionen und Konversation. Zu Fontanes „L'Adultera". In: van Ingen, Ferdinand; Kunne-Ibsch, Elrud; Leeuwe, Hans de; Maatje Frank C. (Hg.): Dichter und Leser. Studien zur Literatur. Wolters-Noordhiff nv Groningen: Utrechtse Publikaties voor Algemene Literatuurwetenshap, S. 163-176. Hier S. 166.
[156] Vgl. Meyer (1973): Theodor Fontane, S. 206.
[157] Vgl. Demetz, Peter (1976): Theodor Fontane als Unterhaltungsautor. In: Rucktäschel, Annamarie; Zimmermann, Hans Dieter (Hg.): Trivialliteratur. München: Wilhelm Fink Verlag, S. 190-204. Hier S. 198.
[158] Vgl. Wessels (1972): Konvention und Konversation, S. 166.
[159] Vgl. Demetz (1976): Fontane als Unterhaltungsautor, S. 199.
[160] Vgl. Brief an Otto Brahm, 23. Juni 1882. In: Brinkmann (1973): Theodor Fontane, S. 270.

Die weiteren Kritikpunkte betreffen die gewollte Symbolhaftigkeit, die bereits in der Titelwahl offengelegt wird, sowie die Anspielungen und Vorausdeutungen, die dem realistischen Grundcharakter entgegenlaufen, wie Mittenzwei in ihrer Arbeit ausführt.[161] Es ergeben sich verschiedene Lesarten, die „L'Adultera" einmal als eine sentimentale Herzensgeschichte sehen[162], da die Protagonistin in ihren Handlungen von ihrem Herzen geleitet wird. Mit dieser Interpretation und dem Wissen um das positive Ende gerät der Roman stark in die Nähe des Kitsches, der allerdings, wie Wessels anmerkt, stets ironisch gebrochen wird: „Kitschanfällige Stellen werden überlagert von geistreicher Konversation, in der das penetrante Wort- und Bildmaterial entschlackt werden soll."[163] Eine andere Auslegung sieht einen übergeordneten Schicksalszusammenhang, der die Handlung der Figuren motiviert. Wessels legt dabei die hohe Anzahl der Verweise und Symbole einmal funktionalistisch in Bezug auf die Verklammerung der Teile, wie auch als Einlassstelle für das Schicksalsmoment aus.[164] Jeong hingegen distanziert sich von dieser fatalistischen Prädestinations-These und erkennt in der Determiniertheit vielmehr Fontanes Absicht, dass der Leser den Verlauf eines „Schicksals verfolgen und dessen Ursache klären soll."[165] Die plausibelste Deutung im Sinne dieser Arbeit ist, dass das glückliche Ende eine notwendige Bedingung für die glaubhafte Vermittlung des angestrebten Selbstbestimmungsrechtes ist. Auch wenn das Augenmerk nicht ausschließlich auf der Protagonistin ruht, so zeigt sich doch deutlich, dass ihr Streben nach einem selbstverwirklichten Leben durch Auseinandersetzung mit den gesellschaftlichen Normen und Konventionen ist, was beispielhaft vorgeführt wird. Beiträge wie der von Tebben[166], der eine biographische Verknüpfung von Fontane mit den in „L'Adultera" angesprochenen Themen sieht, sind nicht überzeugend und argumentativ teilweise abgehoben.

---

[161] Vgl. Mittenzwei, Ingrid (1970): Die Sprache als Thema. Untersuchungen zu Fontanes Gesellschaftsromanen. Bad Homburg, Berlin, Zürich: Verlag Gehlen. Hier S. 23f.
[162] Bspw. die Arbeiten von Mittenzwei (1970): Die Sprache als Thema; Demetz (1976): Theodor Fontane als Unterhaltungsautor oder Friedrich, Gerhard (1968): Das Glück der Melanie van der Straaten. Zur Interpretation von Theodor Fontanes „L'Adultera". In: Jahrbuch der deutschen Schillergesellschaft, Jg. 12., S. 359-382.
[163] Vgl. Wessels (1972): Konvention und Konversation, S. 171.
[164] Vgl. ebd. S. 168.
[165] Vgl. Jeong (2001): Dialogische Offenheit, S. 55.
[166] Vgl. Tebben, Karin (2002): Der Roman dahinter: zum autobiographischen Hintergrund von Theodor Fontanes „L'Adultera". In: German Life & Letters, Vol. LV, S. 348-362.

### 3.2.1 Der Ravené-Skandal

Der sogenannte Ravené-Skandal ereignete sich Ende November 1874, als Therese Ravené, geborene von Kusserow, mit dem Bankassessor Gustav Simon nach Königsberg floh und ihren Ehemann Louis Ravené und die drei gemeinsamen Kinder in Berlin zurückließ.

Die Ehe der Ravenés wurde von der älteren Schwester Thereses gestiftet und 1866 eingegangen. Für beide Partner war es eine günstige Verbindung und der Altersunterschied von 22 Jahren kein Hemmnis. Die Familie von Kusserow war adelig und verkehrte bei Hofe[167] und auch die Familie Ravené hatte sich mit ihrer Eisenwarenhandlung und der privaten Kunstsammlung in Berlin einen Namen gemacht.[168] Jedoch betont Wagner-Simon, dass die Ehe nicht ungetrübt war, was sie damit belegt, dass Louis Ravené „[…] seine Junggesellengewohnheiten nicht ablegen [konnte], was seine leidenschaftliche und stolze Gattin tief verletzte."[169] Gustav Simon und Therese Ravené lernten sich auf einer Wohltätigkeitsveranstaltung kennen, auf der Therese sang und Simon sich als Bratschist betätigte. Die große Musikleidenschaft stellt Wagner-Simon auch als das verbindende Element heraus.[170] Insgesamt kam der Ehebruch für die Zeitgenossen nicht überraschend, so beschreibt ein Freund Ravenés, Robert von Pommer Esche, Therese Ravené als jung, schön und kokett: „Ihr Mann hat wohl viel Grund zur Eifersucht, geht aber auch seine eigenen Wege [–] Wir waren nicht allzu erstaunt, als wir eines Tages hörten, die schöne Therese wäre ausgerückt – auf Nimmerwiederkehr."[171] Und selbst Bismarck war der Skandal bekannt. In seinen Erinnerungen schreibt Robert Freiherr Lucius von Ballhausen: „28. November [1874]. […] Als Neuigkeit wurde erzählt, dass Frau Ravené mit einem Bankier Simon durchgegangen sei […]. Bismarck sagte […]: ‚Das Ereignis Ravené beraubt für mich Berlin einer Dekoration, solche Dinge kamen früher nur in der französischen Gesellschaft vor.'"[172] Wagner-Simon hingegen revidiert die Aus-

---

[167] Ausführliche Informationen zu Therese Simon und deren Familie gibt Wagner-Simon, Therese (1992): Das Urbild von Theodor Fontanes „L'Adultera". Berlin: Stapp Verlag. Sie ist die Urenkelin von Therese Simon.
[168] Beck, Konrad (1985): Die Ravenés. In: Mitteilungen des Vereins für die Geschichte Berlins, Jg. 81, H. 3, S. 310-312, gibt einen Überblick über die Familiengeschichte der Ravenés.
[169] Wagner-Simon (1992): Das Urbild von Theodor Fontanes L'Adultera, S. 19f.
[170] Vgl. ebd. S. 20.
[171] Vgl. Radecke (1998): Theodor Fontane, S. 169.
[172] Radecke (2002): Vom Schreiben zum Erzählen, S. 46.

sage, der Ehebruch sei durch die Koketterie ihrer Urgroßmutter herbeigeführt, und stellt klar, dass die Ehe mit Louis Ravené schon davor zum Scheitern verurteilt war. Sie untermauert ihre Aussage mit der neuen glücklichen Ehe zwischen Therese und Gustav, die schließlich noch neun Kinder miteinander bekamen.[173]

Tatsächlich war der Skandal, wie die Bismarck-Anekdote beweist, in der Gesellschaft bekannt, und die Tat wurde verurteilt.[174] Das Ehepaar Simon konnte sich trotz anfänglicher Schwierigkeiten verhältnismäßig schnell rehabilitieren und gehörte schließlich, wie Radecke herausstellt, „[...] in Königsberg [...] zu den einflussreichsten Familien der Stadt. Sie nahmen aktiv am kulturellen Leben teil und widmeten sich besonders der Veranstaltung musikalischer Soireén."[175] Diese positive Wendung kann allerdings nicht über die Tatsache hinwegtäuschen, dass der Kontakt Thereses zu ihrer verlassenen Familie unwiederbringlich zerstört war, worunter sie, so Wagner-Simon, sehr litt und was sie mit sozialer Arbeit zu kompensieren versuchte.[176]

Vor allem die Bekanntheit der Familie Ravené sorgte dafür, dass der Ehebruch in der Gesellschaft einiges Aufsehen erregte. Als dann kurze Zeit nach dem Tod Louis Ravenés[177] Fontane mit seinen Arbeiten zu „L'Adultera" begann, war für das eingeweihte Publikum die Parallele des Ravenéschen Ehebruchs mit dem Melanie van der Straatens im Roman nur allzu offensichtlich. Fontane wehrte sich gegen den Vorwurf der Indiskretion und behauptete, keinen persönlichen Kontakt zu der Familie Ravené zu haben: „[...] aber die Philister und Tugendwächter, [...] – diese guten Leute beschuldigen mich, neben anderem, der Indiskretion. Sie gingen davon aus [...] ich sei so was wie ein eingeweihter Hausfreund in dem hier geschilderten Ravenéschen Hause gewesen. Dies war nun aber ganz falsch. Ich habe das Ravenésche Haus nie betreten [...]."[178] Untersucht wird in der Forschung das Maß der Überschneidung von Realität und Fiktion. Wagner-Simon führt

---

[173] Vgl. Wagner-Simon (1992): Das Urbild von Theodor Fontanes L'Adultera, S. 19-25.
[174] Vgl. die verschiedenen Wertungen des Ehebruchs in den Ausführungen von der Lühes und Settlers im 3. Kapitel.
[175] Radecke (1998): Theodor Fontane, S. 171.
[176] Vgl. Wagner-Simon (1992): Das Urbild von Theodor Fontanes L'Adultera, S. 57.
[177] Emil Dominik verfasst anlässlich des Todes Louis Ravenés den Artikel: „Die Geschichte des Hauses Ravené." In: Königlich privilegirte Berlinische Zeitung von Staats- und gelehrten Sachen. Vossische Zeitung, Nr. 153, 1. Juni 1879, Erste Beilage.
[178] Brief an Joseph Viktor Widmann, 27. April 1894. In: Brinkmann (1973.): Theodor Fontane, S. 273.

in ihrem Buch, durchaus stringent aber emotional beladen, Fontanes literarische Entlehnungen aus der Realität auf, die ihrer Meinung nach so weit gingen, dass er zu viel von der wahren Geschichte wusste, „[…] als daß er sich frei entfalten konnte wie bei ‚Effi Briest'."[179] Sie sieht sogar noch in „Effi Briest" Motive ihrer Familiengeschichte verarbeitet. Konträr dazu steht die Arbeit Radeckes, die den Vergleich von außerliterarischer und fiktionaler Welt methodisch nicht gelten lässt und Hinweise zu Fontanes Autorenwissen in seinen Tagebüchern, Briefzeugnissen und aufgrund persönlicher Kontakte nachzuweisen versucht, was ihr nicht gelingt.[180] Anders dagegen die Untersuchung Settlers, der ebenfalls argumentativ die Verbindung von dem Ravenéschen Skandal mit „L'Adultera" zu widerlegen versucht. Allerdings geht er von der These aus, Fontane verarbeite in dem Roman die gescheiterte Ehe seiner Eltern.[181] Fest steht, dass Fontane durchaus Wissen von dem Gesellschaftsskandal hatte, wenn auch nicht nachweisbar ist, in welchem Umfang. Neben möglichen familieninternen Informationen durch persönliche Kontakte, die in Verbindung zum Hause Ravené standen, wie bspw. der Illustrator Ludwig Burger oder der Prokurist Ravenés Harder[182], belegen aufgehobene Zeitungsannoncen über die zu versteigernden Pflanzen des Ravenéschen Gewächshauses sowie der Artikel Emil Dominiks in der Vossischen Zeitung Fontanes Rückgriff auf die außerliterarische Vorlage. Selbst die Diskussion um die Titel-Wahl „L'Adultera" für den Roman zeugt davon, dass Fontane die offensichtlichen Bezüge zu dem Skandal zu retuschieren versuchte: „Aber freilich, diese Bedenken sind mir immer wiedergekommen und haben ihren Grund darin, dass es mir aufs äußerste widerstand und noch widersteht, einer noch lebenden und trotz all ihrer Fehler sehr liebenswürdigen und ausgezeichneten Dame, das grobe Wort ‚L'Adultera' ins Gesicht zu werfen. Es ist zwar alles verschleiert, aber doch nicht so, dass nicht jeder die Gestalt errathen könnte."[183]

Seiner Aussage folgend hat „[…] ein Schriftsteller das Recht, ein Lied zu singen, das die Spatzen auf dem Dache zwitschern."[184] Dass sich dabei ein

---

[179] Wagner-Simon (1992): Das Urbild Theodor Fontanes L'Adultera, S. 8.
[180] Vgl. Radecke (2002): Vom Schreiben zum Erzählen, S. 48f.
[181] Vgl. Settler (2001): „L'Adultera", S. 16, 17.
[182] Dieser hat den Sohn Louis Ferdinand Auguste Ravené nach der Trennung der Eltern bei sich aufgenommen. Vgl. Radecke (2002): Vom Schreiben zum Erzählen, S. 46.
[183] Brief an Julius Grosser, 4. April 1880. In: Brinkmann (1973): Theodor Fontane, S. 266.
[184] Brief an Joseph Viktor Widmann, 27. April 1894. In: Brinkmann (1973): Theodor Fontane, S. 273.

Stoff anbietet, der wie Plett bemerkt „[...] am charakteristisch ‚Repräsentativen' seiner zeit- und gesellschaftstypischen Aussage, aber auch an der Behauptung und Selbstverständnis des Individuums vor diesem gesellschaftlichen Hintergrund [...]"[185] wirke, verifiziert die Gültigkeit von Fontanes Romankonzept. Schließlich begründet Fontane die Übereinstimmung damit, „[...] dass vieles in unserem gesellschaftlichen Leben so typisch ist, dass man bei Kenntnis des Allgemeinzustandes, auch das einzelne mit Notwendigkeit treffen muss."[186]

Der Vorwurf der Indiskretion ist dennoch nicht von der Hand zu weisen. Fontane bedient sich eines allgemein bekannten, zeitgenössischen Skandals, den er literarisch aufbereitet. Auch wenn er ihn in künstlerischer Absicht aufgreift und verändert, um exemplarisch einen allgemeinen Gesellschaftszustand aufzuzeigen, lassen sich die Bezüge zu den realen Protagonisten nicht leugnen. Er befasst sich mit einem Klatsch-typischen Thema, bereitet es zu seinen Zwecken auf und trägt es weiter an die Öffentlichkeit: das ist Klatsch! Fontane verwendet also Klatsch als eine leicht zugängliche und ergötzende Kommunikationsform, um sein intendiertes Rezeptionsziel, der gängigen Meinung nicht unkritisch zu folgen und den Einzelfall zu beurteilen, an den Leser zu vermitteln.

### 3.2.2 Analyse der Klatschgespräche in „L'Adultera"

Das erste Klatschgespräch findet statt, nachdem die Hauptfiguren van der Straaten und Melanie im ersten Kapitel durch den Erzähler eingeführt und charakterisiert wurden. Es folgt eine Spezifizierung der äußeren Lebensumstände des Ehepaares zur Veranschaulichung ihrer gesellschaftlichen Stellung und Eingebundenheit. Sie befinden sich, wie üblich zur Winterzeit, in ihrer Stadtwohnung und haben regen Anteil am gesellschaftlichen Leben. Auslöser für das Klatschgespräch ist ein Zeitungsbericht über den vor zwei Tagen veranstalteten Subskriptionsball:

> „Alles atmete Behagen, am meisten der Hausherr selbst, der, in einen Schaukelstuhl gelehnt und die Morgenzeitung in der Hand, abwechselnd seinen Kaffee und den Subskriptionsballbericht einschlürfte.

---

[185] Plett (1991): „...kunstgemäß (Pardon)...", S. 67.
[186] Brief an Joseph Viktor Widmann, 27. April 1894. In Brinkmann (1973): Theodor Fontane, S. 274.

Nur dann und wann ließ er seine Hand mit der Zeitung sinken und lachte.
‚Was lachst du wieder, Ezel', sagte Melanie, während sie mit ihrem linken Morgenschuh kokettisch hin- und herklappte. ‚Was lachst du wieder? Ich wette die Robe, die du mir heute noch kaufen wirst, gegen dein häßliches, rotes und mir zum Tort wieder schief umgeknotetes Halstuch, daß du nichts gefunden hast als ein paar Zweideutigkeiten.'
‚Er schreibt zu gut', antwortete van der Straaten, ohne den hingeworfenen Fehdehandschuh aufzunehmen. ‚Und was mich am meisten freut, sie nimmt es alles für Ernst.'
‚Wer denn?'
‚Nun, wer! Die Maywald, deine Rivalin. Und nun höre. Oder lies es selbst.'
‚Nein, ich mag nicht. Ich liebe nicht diese Berichte mit ausgeschnittenen Kleidern und Anfangsbuchstaben.'
‚Und warum nicht? Weil du noch nicht an der Reihe warst. Ja, Lanni, er geht stolz an dir vorüber.'
‚Ich würd' es mir auch verbitten.'
‚Verbitten! Was heißt verbitten? Ich verstehe dich nicht. Oder glaubst du vielleicht, daß gewesene Generalkonsulstöchter in vestalisch-priesterlicher Unnahbarkeit durchs Leben schreiten oder sakrosankt sind wie Botschafter und Ambassaden! Ich will dir ein Sprüchwort sagen, das ihr in Genf nicht haben werdet...'
‚Und das wäre?'
‚Sieht doch die Katz' den Kaiser an. Und ich sage dir, Lanni, was man ansehen darf, das darf man auch beschreiben. Oder verlangst du, daß ich ihn fordern sollte? Pistolen und zehn Schritt Barriere?'"[187]

Es handelt sich hierbei erstens um eine Form des mediatisierten Klatsches, denn van der Straaten liest während des Frühstücks einen Bericht in der Morgenzeitung über den Ball, an dem er und seine Frau partizipiert haben. Das Thema des Klatsches ist die Maywald, eine der Stellung und dem Ansehen vergleichbare Bekannte aus dem Gesellschaftskreis des Ehepaares. Es herrscht folglich eine persönliche Beziehung zwischen dem Rezipienten und dem Opfer. Der genauere Inhalt des Berichtes geht aus dem Ausschnitt nicht hervor.

Das Verhalten van der Straatens während des Lesens demonstriert den hohen Unterhaltungswert des Klatsches, wenn es heißt: „Nur dann und wann ließ er seine Hand mit der Zeitung sinken und lachte." (1, II, S.10) Oder

---

[187] Fontane, Theodor: L'Adultera. In: Keitel, Walter (Hg.) (1962): Theodor Fontane. Sämtliche Werke. (Abt. 1, Zweiter Band) München: Carl Hanser Verlag, S. 10f. Im Folgenden im Text zitiert als: 1, II.

wenn van der Straaten den Autor lobt: „Er schreibt zu gut." (1, II, S. 10) Melanie kommentiert seine Reaktionen mit der Vermutung, es handle sich um Zweideutigkeiten und verweist damit erstens auf den Bereich des Privaten des Klatschopfers; zweitens gibt sie eine indirekte Charakterisierung van der Straatens.

Auf die Nachfrage, um wen es sich handelt, initiiert van der Straaten ein Klatschgespräch mit seiner Frau. Er möchte, dass sie den Bericht liest, um darüber zu sprechen: „‚Nun, wer! Die Maywald, deine Rivalin. Und nun höre. Oder lies es selbst.'" (1, II, S. 10) Melanie nimmt die Klatscheinladung jedoch nicht an: „‚Nein, ich mag nicht. Ich liebe nicht diese Berichte mit ausgeschnittenen Kleidern und Anfangsbuchstaben.'" (1, II, S. 10) Die Ablehnung wiederum animiert van der Straaten zu einer Diskussion mit Melanie über Klatsch im Allgemeinen. Er charakterisiert ihn als eine allgemeingültige Gesprächsform, der man sich nicht entziehen kann. Dabei stelle ausnahmslos jedes Gesellschaftsmitglied ein potentielles Klatschthema dar, final sei der Klatsch jedoch nicht ernst zu nehmen. (1, II, S. 10) Die Sprechweise der Figuren gibt zugleich Aufschluss über ihren Charakter[188], was im Fall von van der Straaten bedeutet, dass die gesellschaftliche Meinung ihn weder tangiert, noch er sich nach ihr richtet: „[Er war] von Jugend auf daran gewöhnt, alles zu tun und zu sagen, was zu tun und zu sagen er lustig war." (1, II, S. 1) Außerdem trifft Klatsch seine Vorliebe für Geschichten der derberen Observanz (1, II, S. 23), was Melanies Deutung van der Straatens Zeitungslektüre belegt. Ihr hingegen widerstrebt das abwertende Gerede über andere. Ihre Antwort: „‚Ich würd' es mir auch verbitten'" (1, II, S. 10) verweist einerseits darauf, dass Klatsch eine diskreditierte Gesprächsform ist, andererseits entspricht diese Antwort wiederum ihrem Charakter. Sie legt viel Wert auf Manieren und Etikette (1, II, S. 9), wogegen Klatsch mit seinen Eigenschaften eindeutig verstößt.[189]

Dieses erste Gespräch demonstriert nicht nur die Gegensätzlichkeit der Eheleute, es wird auch ihre gesellschaftliche Eingebundenheit offengelegt. Auch wenn van der Straaten seine Unabhängigkeit von der Gesellschaft proklamiert, ist er doch ein aktives Mitglied in ihr. Schließlich haben die Eheleute an der Veranstaltung teilgenommen, er liest den Bericht über dieses Ereignis und er kennt den kommentierten Personenkreis so gut, dass er trotz

---

[188] Vgl. Mittenzwei (1970): Die Sprache als Thema, S. 19.
[189] Siehe hierzu Kapitel 2.1ff.

der Anonymisierung das Klatschopfer erkennt und ihre Reaktion darauf zu wissen scheint.[190] Und auch seine Ausführungen zum Klatsch belegen seine Kenntnis des gesellschaftlichen Regel- und Wertesystems. Er präsentiert sich ihm gegenüber aber humorvoll distanziert.

Anders dagegen Melanie, die mit ihrer Ablehnung zum Klatschen auf die Einhaltung der Umgangsregeln beharrt. Auch van der Straaten akzentuiert diese Eigenschaft seiner Frau, indem er bestätigt, dass ihr Verhalten noch keinen Anlass für Klatsch gegeben hat: „Ja, Lanni, er geht stolz an dir vorüber." (1, II, S. 10) Das heißt, dass sie sich normkonform verhält. Auch sein Vergleich von Melanie mit einer Vestalin unterstützt die Aussage noch. Jedoch schränkt er ein, dass kein Mensch unfehlbar ist und auch ein einmaliges Fehlverhalten Grund zum Klatschen gibt. „‚Sieht doch die Katz' den Kaiser an. Und ich sage dir, Lanni, was man ansehen darf, das darf man auch beschreiben.'" (1, II, S. 10)

Die Auseinandersetzung von Melanie und van der Straaten demonstriert unterschiedliche Haltungen zum Klatsch: Melanie lehnt ihn ab, van der Straaten beteiligt sich daran. Die gegensätzlichen Einstellungen führen dazu, dass das harmonische Bild des Frühstücks getrübt wird. Melanie stört sich an der Zeitungslektüre ihres Mannes und provoziert ihn. Wengerzink findet ihr Verhalten van der Straaten gegenüber fast respektlos.[191] Van der Straaten geht auf diese Provokation nicht ein. In Bezug auf den Klatsch wird die Bedeutung der Gesellschaft von den beiden different gesehen; während van der Straaten einen Einfluss der gesellschaftlichen Meinung für sich akzeptiert, ihr aber keinen hohen Stellenwert einräumt, widerstrebt Melanie der mögliche Einfluss auf ihre Privatsphäre.

Kurz darauf kommt das Thema Klatsch noch einmal zur Sprache, nachdem eine von van der Straaten bestellte Kopie von Tintorettos Bild „L'Adultera" geliefert wurde:

> „Melanie, während sie so sprach, war ernster geworden und von dem Bilde zurückgetreten. Nun aber fragte sie: ‚Hast du schon einen Platz dafür?'
> ‚Ja, hier.' Und er wies auf eine Wandstelle neben seinem Schreibpult.

---

[190] Auch Wengerzink (1997): Klatsch als Kommunikationsphänomen, sieht darin einen Beleg für die Zugehörigkeit zur Gesellschaft. Vgl. ebd. S. 158.
[191] Vgl. ebd. S. 159.

> ‚Ich dachte', fuhr Melanie fort, ‚du würdest es in die Galerie schicken. Und offen gestanden, es wird sich an diesem Pfeiler etwas sonderbar ausnehmen. Es wird...'
> ‚Unterbrich dich nicht.'
> ‚Es wird den Witz herausfordern und die Bosheit, und ich höre schon Reiff und Duquede medisieren, vielleicht auf deine Kosten und gewiß auf meine.'
> Van der Straaten hatte seinen Arm auf das Pult gelehnt und lächelte." (1, II, S. 13f.)

Bei diesem Auszug handelt es sich nicht um ein eigentliches Klatschgespräch; es wird allerdings veranschaulichend die moralerhaltende Eigenschaft von Klatsch vorgeführt, indem über den Bildtitel auf die Einhaltung des gesellschaftlichen Norm- und Regelwerkes rekurriert wird.[192] Einen Normenverstoß sieht Melanie darin, dass ihr Ehemann das Bild der „L'Adultera" in seinem Arbeitsbereich aufhängen will. Nicht das Bild an sich, sondern die Kontextualisierung des Bildes im privaten Bereich, die zwangsläufig eine Übertragung des Motivs auf Melanie evoziert und ihr damit Untreue unterstellt, ist für sie der Verstoß gegen den Anstand. Den Klatsch erwartet sie von den Freunden des Hauses wie Baron Duquede und Polizeirat Reiff. Ersterem, einem Vertreter des Adels, wird ein negierender Charakterzuge attestiert. Außerdem entspricht das Verhältnis zwischen Melanie und ihm einer stillen Gegnerschaft (1, II, S. 23), weswegen Melanie prädestiniert ist, Klatschopfer des Adeligen zu sein. Der Polizeirat Reiff, „[...] dessen Schwachheiten nach der erotischen Seite hin lagen, [...]" (1, II, S, 40), muss dieses Bild zwangsläufig als eine Parallele interpretieren. Aufgrund dieser Eigenschaften der beiden Hausfreunde geht sie auch davon aus, dass weniger van der Straaten als vielmehr sie Opfer des Klatsches wird: „vielleicht auf deine Kosten und gewiß auf meine." (1, II, S. 14)

Der Ausschnitt markiert nicht nur einen Konflikt zwischen den Eheleuten, er demonstriert auch die dazugehörige gesellschaftliche Komponente. Van der Straaten provoziert seine Ehefrau mit der Platzwahl, was sein Lächeln auf ihre geäußerten Befürchtungen markiert, sowie die Tatsache, dass das Bild doch in der Galerie platziert wird. (1, II, S. 14f.) Für Melanie bedeutet die Provokation jedoch nicht nur den persönlichen Angriff ihres Mannes, sie wird damit auch für die Gesellschaft angreifbar. So muss das Verhältnis Melanies zur gesellschaftlichen Meinung dahingehend revidiert werden, dass sie

---

[192] Vgl. Ausführungen im Kapitel 2.4.

Klatsch aus der Öffentlichkeit über ihre Person nicht fürchtet, aus dem inneren Zirkel jedoch schon: „[…] und ich höre schon Reiff und Duquede medisieren […]." (1, II, S. 14)

Insgesamt wird das Kapitel in der Forschung dahingehend als Schlüsselszene gesehen, als mit dem Bild „L'Adultera" das zentrale Motiv[193] des Romans gegeben ist und in dem sich daran entfaltenden Gespräch die disparaten Züge der Eheleute offengelegt werden.[194] Dabei, präzisiert Plett, erörtere das Gespräch die subjektiv gefilterte Wahrnehmung und Auffassung der Figuren vor diesem Bild[195] zu den Themen Ehe, Treue und (Un-)Schuld, deren konträre Einstellungen zweckdienlich die Entfremdung der Eheleute aufzeigen. Wessels konkretisiert Folgendes: „Mit jedem weiteren Handlungsschritt verschärft sich ihre [Melanies] Einsicht in die wirkliche Beschaffenheit ihrer Ehe."[196] Van der Straaten stößt mit seinen Eigenschaften nicht nur an Melanies, sondern auch an die gesellschaftlichen Grenzen. „Insofern sind die Konflikte in dieser Ehe und die Umstände, an denen sie sich entzünden nicht rein privater Natur, sondern stehen in einem gesellschaftlichen Kontext."[197] Wesentlich ist jedoch, dass van der Straaten mit seiner Ungeniertheit einerseits Distanz zu den gesellschaftlichen Konventionen hält und dabei seine Individualität durchsetzt, andererseits nimmt er keine Rücksicht auf die Individualität anderer.[198]

Die ersten beiden Klatschgespräche finden in der ehelichen Privatsphäre der van der Straatens statt. Einmal ist Klatsch ein Konsumprodukt, in dem van der Straaten die Position des Rezipienten einnimmt. Damit steht er auf der Seite der Klatschbetreiber, stellt jedoch den Unterhaltungswert über die sozialen Funktionen. Er legt keinen Wert auf die gesellschaftliche Meinung und entzieht damit dem Klatsch seine soziale Wirkungsgrundlage. Seine gesellschaftlich determinierte Frau lehnt den Klatsch ab und führt die ambivalente

---

[193] Von der Lühe (1996): „Wer liebt hat recht", fasst zusammen, dass die Kritiker den überladenen Bedeutungsgehalt des Bildes und des Gesprächs als den Grund für das Scheitern des Romans ausmachen. Vgl. ebd. S. 124.
[194] Vgl. bspw. Wessels (1972): Konventionen und Konversation; von der Lühe (1996): „Wer liebt hat recht"; Müller-Seidel (1980): Theodor Fontane.
[195] Vgl. Plett (1991): „…kunstgemäß (Pardon)…", S. 80.
[196] Wessels (1972): Konventionen und Konversation, S. 165.
[197] Plett (1991): „…kunstgemäß (Pardon)…", S. 71.
[198] Vgl. Jeong (2001): Dialogische Offenheit, S. 38.

Struktur von Klatsch vor, der geduldet und genussvoll praktiziert wird und gleichzeitig als unmoralisch gilt.

Beim zweiten Klatsch-Vorkommen wird die Seite des Klatschobjektes in der Beziehungsstruktur aufgezeigt. Der Ablauf eines erfolgreichen Klatschgesprächs wird von Melanie imaginiert: Das Opfer, ob verschuldet oder nicht, verstößt gegen geltende Regeln, wovon Personen, die in einer persönlichen Beziehung zu dem Opfer stehen, erfahren. Daraufhin initiieren sie, ob der gemeinsamen Bekanntschaft, ein Klatschgespräch und bewerten das Verhalten des Objektes.

Die Konformität dieser Feststellung mit der Forschungsmeinung wird dahingehend bestätigt, als mit der Charakterisierung der Figuren das Thema des Romans vorweggenommen wird.[199] Klatsch thematisiert dabei jedoch nicht die konträren Positionen der Figuren, sondern die übergeordnete These des Umgangs mit Normverstößen. Hierbei werden anhand der Figur Melanie die Facetten der Opferseite aufgezeigt und mit van der Straatens Anti-Haltung gegenüber der Gesellschaft die zeitgenössischen Umstände kritisiert und gleichzeitig ein alternativer Handlungsvorschlag unterbreitet.

Nachdem van der Straaten Melanie die Nachricht überbracht hat, dass das Ehepaar als Freundschaftsdienst einen Hausgenossen bei sich aufnimmt[200], wird ein Abschiedsdiner zur Feier des Umzugs in das Sommerhaus gegeben, an dem die engeren Freunde des Hauses teilnehmen. Die Tafel setzt sich zusammen aus dem bereits vorgestellten Ehepaar van der Straaten, dem Schwager Major Gryczinski mit seiner Frau Jacobine, Melanies Schwester, Baron Duquede, Polizeirat Reiff, dem Landschaftsmaler Arnold Gabler sowie dem Genre- und Porträtmaler Elimar Schulze. Das Essen wird überlagert von van der Straatens grenzgängerischem Verhalten, bei dem er mit erotischen und unpassenden Anspielungen und Vergleichen nicht nur seine Frau, sondern auch die Anwesenden in Verlegenheit bringt.[201]

Auf der Heimfahrt von dem Diner ergeben sich zwei Klatschgespräche. Das erste findet zwischen dem Kutscher der van der Straatens und dem Maler Schulze statt:

---

[199] Vgl. Jeong (2001): Dialogische Offenheit, S. 37.
[200] Vgl. 1, II, S. 16-22.
[201] Vgl. 1, II, S. 26-35.

„[…] während Elimar mit einem kräftigen Turnerschwunge seinen Platz auf dem Bocke nahm, angeblich aus Rücksicht gegen die Wageninsassen, in Wahrheit aus eigener Bequemlichkeit und Neugier. Er sehnte sich nämlich nach einem Gespräche mit dem Kutscher. Dieser, auch noch ein Erbstück aus des alten van der Straaten Zeiten her, führte den unkutscherlichen Namen Emil, der jedoch seit lange seinen Verhältnissen angepaßt und in ein plattdeutsches ‚Ehm' abgekürzt worden war. Mit um so größerem Recht, als er wirklich in Fritz Reuterschen Gegenden das Licht der Welt erblickt und sich bis diesen Tag, neben seinem Berliner Jargon, einen Rest heimatlicher Sprache konserviert hatte. Elimar, einer seiner Bevorzugten, nahm gleich im ersten Momente des Zurechtrückens ein mehrklappiges Lederfutteral heraus, steckte dem Alten eine der obenaufliegenden Zigarren zu und sagte vertraulich: ‚Für'n Rückweg, Ehm.'
Dieser fuhr mit der Rechten dankend an seinen Kutscherhut, und damit waren die Präliminarien geschlossen.
Als sie bald darauf bei der Normaluhr auf dem Spittelmarkte vorüberkamen und in eine der schlechtgepflasterten Seitenstraßen einbogen, hielt Elimar den ersehnten Zeitpunkt für gekommen und sagte: ‚Ist denn der neue Herr schon da?'
‚Der Frankfurtsche? Ne, noch nich, Herr Schulze.'
‚Na, dann muß er aber doch bald...'
‚I, woll. Bald muß er. Ich denke, so nächste Woche. Un de Stuben sind ooch all tapziert. Jott, se duhn ja, wie wenn't en Prinz wär', erst der Herr un nu ooch de Jnäd'ge. Un Christel meent, he sall man en Jüdscher sinn.'
‚Aber reich. Und Offizier. Das heißt bei der Landwehr oder so.'
‚Is et möglich?'
‚Und er soll auch singen.'
‚Ja, singen wird er woll.'
Elimar war eitel genug, an dieser letzteren Äußerung Anstoß zu nehmen, und da sich's gerade traf, daß in eben diesem Augenblicke der Wagen aus dem Wallstraßenportal auf den abendlich stillen Opernplatz einbog, so gab er das Gespräch um so lieber auf, als er nicht wollte, daß dasselbe von den Insassen des Wagens verstanden würde."
(1, II, S. 36f.)

Dieses Klatschgespräch steht ganz im Sinne des Informationsmanagements, denn Schulzes Motivation zu einem Dialog mit dem Kutscher liegt explizit in der Befriedigung seiner Neugier. Er setzt sich zu ihm auf den Kutschbock „[…] aus eigener Bequemlichkeit und Neugier. Er sehnte sich nämlich nach einem Gespräche mit dem Kutscher." (1, II, S. 36) Das Thema des Gesprächs ist der erwartete Hausgenosse der van der Straatens. Dabei deuten die Gesten, die dem Gespräch voraus gehen von einem vertrauten Umgang der beiden

Herren miteinander. Während es seitens des Kutschers Ehms heißt „Elimar, einer seiner Bevorzugten [...]" (1, II, S. 36), steckt Elimar ihm eine Zigarre als Zeichen seiner Wertschätzung zu und nennt ihn vertraulich „Ehm". (1, II, S. 36) In der Erzählerrede wird diese kurze Interaktion als vorbereitende Handlung bezeichnet, was einer wortlosen Klatscheinladung entspricht. Da beide in einem persönlichen Verhältnis zu der Familie stehen, ist die Voraussetzung für ein Klatschgespräch gegeben. Die Männer haben insoweit Einblicke in die privaten Belange der Familie, als sie von der Aufnahme des fremden Herrn Bescheid wissen. Der Grad der Information unterscheidet sich dennoch dahingehend, dass der Kutscher als Hausangestellter näher an der Informationsquelle ist. Ehm, der sich nicht nur aufgrund seines Dialekts, sondern auch wegen seiner Bewertung über die Vorbereitungen „Un de Stuben sind ooch all tapziert. Jott, se duhn ja, wie wenn't en Prinz wär' [...]" (1, II, S. 36)[202] als einer anderen Schicht zugehörig markieren lässt, bezieht sich seinerseits auf ein von ihm geführtes Klatschgespräch mit der Hausangestellten Christel: „Un Christel meent [...]." (1, II, S. 36)

Neben Befriedigung der Neugier ist für Elimar der konkurrenzbedingte Vergleich mit dem Unbekannten Motivation des Klatsches. Folgendes Bild ergibt sich von dem „neuen Herrn": Er ist jüdisch, reich, ein Offizier und er singt. Der erwartete Hausgenosse stellt insofern einen Rivalen dar, als Schulze durch Melanie in die Gesellschaft eingeführt wurde (1, II, S. 24), aber von der Gunst van der Straatens als seinem Förderer abhängig ist.[203] Sein Künstlerdasein, wie auch seine bürgerliche Herkunft, die Settler aus dem Namen „Elimar Schulze" ablesen kann[204], verweisen auf eine gewisse Unsicherheit bezüglich seiner Position in dem adeligen Gesellschaftskreis. Seine erworbene Stellung ist für ihn deshalb umso wertvoller. Das wird auch in seiner Reaktion auf Ehms Äußerung, dass der Herr singt, deutlich, wenn er aus Eitelkeit daran Anstoß nimmt. (1, II, S. 36)

Das Gespräch betont die Funktion des Klatsches als Mittel des Informationsmanagements[205], insofern der Informationsvorsprung einen Machtfaktor darstellt. Für den Maler Elimar Schulze bedeutet die Zugehörigkeit zu dem Gesellschaftskreis einen persönlichen Vorteil, dessen Verlust er fürchtet.

---

[202] Im Vergleich dazu sagt Melanie, dass ihr Hof nicht viel zu bieten hat und sorgt sich um die adäquate Unterbringung des Gastes. Vgl. 1, II, S. 19.
[203] Vgl. Settler (2001): „L'Adultera", S. 26f.
[204] Vgl. ebd. S. 26.
[205] Vgl. Kapitel 2.4.

Durch die Information will er die Stellung des Neulings abschätzen und sich seiner Position vergewissern.

Der Schluss des Gesprächs akzentuiert erneut die moralisch umstrittene Seite des Klatsches, wenn Elimar den Inhalt des Dialoges vor den anderen Mitgliedern geheim halten will: „[…] als er nicht wollte, daß dasselbe von den Insassen des Wagens verstanden würde." (1, II, S. 37)

Das zweite Klatschgespräch findet ebenfalls auf dem Rückweg vom Diner zwischen Major Gryczinski und seiner Frau Jacobine statt:

„Als sie mitten auf dem von bunten Lichtern überstrahlten Platze waren, schmiegte sich die schöne junge Frau zärtlich an ihren Gatten und sagte: ‚War das ein Tag, Otto. Ich habe dich bewundert.'
‚Es wurde mir leichter, als du denkst. Ich spiele mit ihm. Er ist ein altes Kind.'
‚Und Melanie!... Glaube mir, sie fühlt es. Und sie tut mir leid. Du lächelst so. Dir nicht?'
‚Ja und nein, ma chère. Man hat eben nichts umsonst in der Welt. Sie hat eine Villa und eine Bildergalerie...'
‚Aus der sie sich nichts macht. Du weißt ja, wie wenig sie daran hängt...'
‚Und hat zwei reizende Kinder...'
‚Um die ich sie fast beneide.'
‚Nun, siehst du', lachte der Major. ‚Ein jeder hat die Kunst zu lernen, sich zu bescheiden und einzuschränken. Wär' ich mein Schwager, so würd' ich sagen...'
Aber sie schloß ihm den Mund mit einem Kuß, und im nächsten Augenblicke hielt der Wagen." (1, II, S. 37f.)

Während das vorangegangene Gespräch zwischen Vertretern aus niedrigeren Schichten geführt wurde, findet dieser Dialog zwischen den van der Straaten gleichrangigen Mitgliedern statt. Hierbei steht das Moment der eigenen Selbsterhöhung durch die Herabsetzung des Klatschobjektes im Vordergrund. Jacobine, Melanies Schwester, resümiert den Abend: „Ich habe dich bewundert" (1, II, S. 37) und drückt mit dieser Aussage die Loyalität zu ihrem Ehemann aus, die in dem Gestus des zärtlichen Anschmiegens verstärkt wird. Major Gryczinski beginnt anlässlich des Lobes ein Klatschgespräch mit seiner Frau, worin er sein Verhältnis zum Schwipp-Schwager nachzeichnet. Seine Ausführung wird von seiner Überlegenheit über den Schwager dominiert „[…] Ich spiele mit ihm. Er ist ein altes Kind." (1, II, S. 37) Jacobines Einwand, dass Melanie unter den Eigenarten ihres Mannes leide, lässt er nicht gelten und entkräftet die emotional fundierte Replik in einem materialistischen Rekurs. Seiner Ansicht nach entschädigt der Reichtum, materielle Besitz und die gesellschaftliche Stellung für das unannehmliche Verhalten ihres Mannes, mit dem sich Melanie zu arrangieren hat. Das steht ganz im Sinne seines Mottos: „Man hat eben nichts umsonst in der Welt." (1, II, S. 37) In diesem Zusammenhang führt er auch die beiden Kinder des Ehepaares als Beleg für Melanies Glück an. Dabei dienen sie ihm nicht nur als veranschaulichendes Exempel, sondern auch als Belehrung für seine Frau. Wie aus dem Gesprächsauszug deutlich wird, ist Jacobine kinderlos, was dem Willen ihres Mannes entspricht: „Nun siehst du […] Ein jeder hat die Kunst zu lernen, sich zu bescheiden und einzuschränken." (1, II, S. 38) Jacobine, die Loyalitätsgeste wiederaufgreifend, beendet daraufhin den Satz ihres Mannes und damit das Klatschgespräch mit einem Kuss.

Interessanterweise zeigt sich in dem Gespräch nicht nur das selbsterhöhende Potential von Klatsch, der Dialog lässt Rückschlüsse auf das zeitgenössische Verständnis der Mann-Frau-Beziehung zu. Denn in dem Maße wie Gryczinski von Melanie Anpassung und Entbehrung in Anbetracht ihres materiellen wie familiären Glücks fordert, so verlangt er es auch von seiner eigenen Frau. Er demonstriert bei der Rollenverteilung die Machtposition des Mannes gegenüber der Frau, die ihre Wünsche und Bedürfnisse dem Willen ihres Mannes unterzuordnen hat. Der fungiert als die ökonomische Instanz. Wie von Bormann erarbeitet, hat Schopenhauer[206] die damals allgemeingültige, aus heutiger Sicht jedoch diskriminierende, Auffassung von der Frau als eine Art Mittelstufe zwischen Kind und Mann (der eigentliche Mensch) vertreten, wobei das die Meinung der Gesellschaft widerspiegelt[207]; Gryczinskis Einstellung kann daher als gesellschaftlich fundiert und der bürgerlichen Moral entsprechend[208] bezeichnet werden, wenn er Melanie an dem Reichtum ihres Mannes misst und ihr persönliches Glück an diesem. Auch Wengerzink charakterisiert Gryczinski wie folgt: „Er drückt […] seine Normentreue aus, er heißt es für gut, so zu handeln, wie es die figurative Öffentlichkeit, die Gesellschaft von den einzelnen verlangt und Verstöße sanktioniert."[209] Indem Gryczinski klatscht, verstößt er selber gegen die Norm. Sein Fehlverhalten ist

---

[206] Von Bormann bezieht sich hier auf Schopenhauers (1908): „Über die Weiber". Berlin: B. Zack.
[207] Vgl. von Bormann (1980): Glücksanspruch und Glücksverzicht, S. 209.
[208] Vgl. ebd. S. 209, 229.
[209] Wengerzink (1997): Klatsch als Kommunikationsphänomen, S. 165.

dem Neid auf seinen Verwandten verschuldet, der zwar grundsätzlich dem gleichen Gesellschaftskreis wie Gryczinski angehört, innerhalb des Kreises aber höher positioniert ist. Van der Straaten kann es sich von seiner gesellschaftlichen Stellung her erlauben, Grenzen zu überschreiten. Sein Schwager von seiner Position her nicht. So erkennt Settler die strenge Sittentreue des Majors als Gegenreaktion auf seine Komplexe und Abhängigkeiten.[210]

Zuletzt findet eine Unterhaltung zwischen Baron Duquede und Polizeirat Reiff statt:

> „Reiff folgte, schob sich artig und respektvoll an die linke Seite des Legationsrates und sagte plötzlich und unvermittelt: ‚Es war doch wieder eine recht peinliche Geschichte heute. Finden Sie nicht? Und ehrlich gestanden, ich begreif' ihn nicht. Er ist doch nun fünfzig und drüber und sollte sich die Hörner abgelaufen haben. Aber er ist und bleibt ein Durchgänger.'
> ‚Ja', sagte Duquede, der einen Augenblick still stand, um Atem zu schöpfen, ‚etwas Durchgängerisches hat er. Aber, lieber Freund, warum soll er es nicht haben? Ich taxier' ihn auf eine Million, seine Bilder ungerechnet, und ich sehe nicht ein, warum einer in seinem eigenen Haus und an seinem eigenen Tisch nicht sprechen soll, wie ihm der Schnabel gewachsen ist. Ich bekenn' Ihnen offen, Reiff, ich freue mich immer, wenn er mal so zwischenfährt. Der Alte war auch so, nur viel schlimmer, und es hieß schon damals, vor vierzig Jahren: ‚Es sei doch ein sonderbares Haus und man könne eigentlich nicht hingehen.' Aber uneigentlich ging alles hin. Und so war es, und so ist es geblieben.'
> ‚Es fehlt ihm aber doch wirklich an Bildung und Erziehung.'
> ‚Ach, ich bitte Sie, Reiff, gehen Sie mir mit Bildung und Erziehung. Das sind so zwei ganz moderne Wörter, die der ‚Große Mann' aufgebracht haben könnte, so sehr hass' ich sie. Bildung und Erziehung. Erstlich ist es in der Regel nicht viel damit, und wenn es mal was ist, dann ist es auch noch nichts. Glauben Sie mir, es wird überschätzt. Und kommt auch nur bei uns vor. Und warum? Weil wir nichts Besseres haben. Wer gar nichts hat, der ist gebildet. Wer aber so viel hat wie van der Straaten, der braucht all die Dummheiten nicht. Er hat einen guten Verstand und einen guten Witz, und was noch mehr sagen will, einen guten Kredit. Bildung, Bildung! Es ist zum Lachen.'
> ‚Ich weiß doch nicht, ob Sie recht haben, Duquede. Ja, wenn es geblieben wäre wie früher. Junggesellenwirtschaft. Aber nun hat er die junge Frau geheiratet, jung und schön und klug...'

---

[210] Vgl. Settler (2001): „L'Adultera", S. 24f.

‚Nu, nu, Reiff. Nur nicht extravagant. Es ist damit nicht so weit her, wie Sie glauben; sie ist 'ne Fremde, französische Schweiz, und an allem Fremden verkucken sich die Berliner. Das ist wie Amen in der Kirche. Sie hat so ein bißchen Genfer Chic. Aber was will das am Ende sagen? Alles, was die Genfer haben, ist doch auch bloß aus zweiter Hand. Und nun gar klug. Ich bitte Sie, was heißt klug? Er ist viel klüger. Oder glauben Sie, daß es auf 'ne französische Vokabel ankommt? oder auf den Erlkönig? Ich gebe zu, sie hat ein paar niedliche Manierchen und weiß sich unter Umständen ein Air zu geben. Aber es ist nicht viel dahinter, alles Firlefanz, und wird kolossal überschätzt.'
‚Ich weiß doch nicht, ob Sie recht haben', wiederholte der Polizeirat.
‚Und dann ist sie doch schließlich von Familie.'
Duquede lachte. ‚Nein, Reiff, das ist sie nun schließlich nicht. Und ich sag' Ihnen, da haben wir den Punkt, auf den ich keinen Spaß verstehe. Caparoux. Es klingt nach was. Zugestanden. Aber was heißt es denn am Ende? Rotkapp oder Rotkäppchen? Das ist ein Märchenname, aber kein Adelsname. Ich habe mich darum gekümmert und nachgeschlagen. Und im Vertrauen, Reiff, es gibt gar keine de Caparoux.'
‚Aber bedenken Sie doch den Major! Er hat alle Sorten Stolz und wird sich doch schwerlich eine Mesalliance nachsagen lassen wollen.'
‚Ich kenn' ihn besser. Er ist ein Streber. Oder sagen wir einfach, er ist ein Generalstäbler. Ich hasse die ganze Gesellschaft, und glauben Sie mir, Reiff, ich weiß, warum. Unsre Generalstäbler werden überschätzt, kolossal überschätzt.'
‚Ich weiß doch nicht, ob Sie recht haben', ließ sich der Polizeirat ein drittes Mal vernehmen. ‚Bedenken Sie bloß, was Stoffel gesagt hat. Und nachher kam es auch so. Aber ich will nur von Gryczinski sprechen. Wie liebenswürdig benahm er sich heute wieder! Wie liebenswürdig und wie vornehm.'
‚Ah, bah, vornehm. Ich bilde mir auch ein zu wissen, was vornehm ist. Und ich sag' Ihnen, Reiff, Vornehmheit ist anders. Vornehm! Ein Schlaukopf ist er und weiter nichts. Oder glauben Sie, daß er die kleine Rotblondine mit den ewigen Schmachtaugen geheiratet hat, weil sie Caparoux hieß, oder meinetwegen auch de Caparoux? Er hat sie geheiratet, weil sie die Schwester ihrer Schwester ist. Du himmlischer Vater, daß ich einem Polizeirat solche Lektion halten muß.'
Der Polizeirat, dessen Schwachheiten nach der erotischen Seite hin lagen, las aus diesen andeutenden Worten ein Liebesverhältnis zwischen dem Major und Melanie heraus und sah den langen hageren Duquede von der Seite her betroffen an.
Dieser aber lachte und sagte: ‚Nicht so, Reiff, nicht so; Carrièremacher sind immer nur Courmacher. Nichts weiter. Es gibt heutzutage Personen (und auch das verdanken wir unsrem großen Reichsbaumeister, der die soliden Werkleute fallen läßt oder beiseite schiebt), es gibt, sag' ich, heutzutage Personen, denen alles bloß Mittel zum Zweck ist. Auch die Liebe. Und zu diesen Personen gehört auch unser Freund,

> der Major. Ich hätte nicht sagen sollen, er hat die Kleine geheiratet, weil sie die Schwester ihrer Schwester ist, sondern weil sie die Schwägerin ihres Schwagers ist. Er braucht diesen Schwager, und ich sag' Ihnen, Reiff, denn ich kenne den Ton und die Strömung oben, es gibt weniges, was nach oben hin so empfiehlt wie das. Ein Schwager-Kommerzienrat ist nicht viel weniger wert als ein Schwiegervater-Kommerzienrat und rangiert wenigstens gleich dahinter. Unter allen Umständen aber sind Kommerzienräte wie konsolidierte Fonds, auf die jeden Augenblick gezogen werden kann. Es ist immer Deckung da.'
> ‚Sie wollen also sagen...'
> ‚Ich will gar nichts sagen, Reiff... Ich meine nur so.'" (1, II, S. 38-41)

Initiiert wird das Klatschgespräch von Polizeitrat Reiff, der den Abend hinsichtlich van der Straatens Verhalten als „peinliche Geschichte" beurteilt. Sein Gesprächspartner, Baron Duquede, stimmt ihm darin zu. Wie Wengerzink darstellt, stehen die Gesprächspartner für das konservative monarchische System (Baron Duquede) und die bürgerliche „Sitte"[211] (Polizeirat Reiff). Reiff kritisiert die seinem Alter nicht angemessene, anzügliche Art van der Straatens als Sittenverstoß, allerdings ein Verhalten, das ihm auch selbst nachgesagt wird. (1, II, S. 23) Baron Duquede relativiert diese Kritik, indem er ihm solch ein Verhalten als gesellschaftlich akzeptiert begründet, da es durch Reichtum ausgeglichen werden kann. Er bestimmt das Ansehen des Hauses van der Straaten: „[…] und es hieß schon damals, vor vierzig Jahren: ‚Es sei doch ein sonderbares Haus und man könne eigentlich nicht hingehen.' Aber uneigentlich ging alles hin. Und so war es, und so ist es geblieben." (1, II, S. 39) Zieht man das Gespräch zwischen Major Gryczinski und Jacobine heran, der ebenfalls die Ansicht vertritt, dass Reichtum und Macht nonkonformes Verhalten entschuldigen, lässt sich daraus eine Regel ableiten. Gleichzeitig zeigt sich eine Differenz im Bezugssystem des bürgerlichen und adeligen Vertreters, die sich in der weiteren Argumentation fortsetzt. Reiff rekurriert auf bourgeoise Werte wie Bildung und Erziehung, Duquede kontert mit Bildungskritik[212] und stellt sich als Bismarck-Gegner dar (1, II, S. 39), den Reiff unterstützt. (1, II, S. 28) Allen Argumenten Reiffs, die das nonkonforme Verhalten van der Straatens aufzeigen, kontert Duquede und wendet sie ins Positive. Das gilt umgekehrt auch für das zweite Klatschopfer Mela-

---

[211] Vgl. Wengerzink (1997): Klatsch als Kommunikationsphänomen, S. 161.
[212] Meyer (1973): Theodor Fontane, erkennt in van der Straaten einen Vertreter der ‚geflügelten-Worte'-Bildung, die Fontane grundsätzlich kritisiert. Vgl. ebd. S. 218.

nie. Reiff führt sie mit ihren positiven Eigenschaften an, um die negativen Auswirkungen van der Straatens Verhalten zu demonstrieren. Das wendet Duquede jedoch ins Gegenteil und spricht seiner stillen Gegnerin sogar ihre adelige Herkunft ab. „Und im Vertrauen, Reiff, es gibt gar keine de Caparoux." (1, II, S. 40) Auch der letzte unsichere Versuch Reiffs, Duquede zu widerlegen, scheitert, indem Duquede, in seiner Eigenschaft als „Negationsrat", die berechnende, egoistische Art Major Gryczinskis den vom Polizeirat aufgezählten positiven Eigenschaften gegenüberstellt.

Auffällig an dem Gespräch der beiden Figuren sind nicht nur ihre konträren Ansichten, es wird auch deutlich, dass sich Baron Duquede über Polizeirat Reiff erhöht. Eigentlich befinden sich die beiden Räte gesellschaftlich auf einer Ebene. Jedoch besitzt Duquede einen Adelstitel, der ihn klar von dem bürgerlichen Freund unterscheidet. In dem Gespräch äußert sich die Überheblichkeit Duquedes in Aussagen wie: „Ach, ich bitte Sie, Reiff", „Und ich sag Ihnen" oder „Ah, bah […] Ich bilde mir ein zu wissen, was vornehm ist" und „Du himmlischer Vater, dass ich einem Polizeirat solche Lektionen halten muss." (1, II, S. 40f.) Der Baron stellt damit nicht nur Reiffs Wissen in Frage, er belehrt ihn auch in gesellschaftlichen Belangen „[…] denn ich kenne den Ton und die Strömung oben […]." (1, II, S. 41) Deswegen erscheint Reiffs normentreue Beurteilung van der Straatens, Melanies und Gryczinskis einmal mehr fragwürdig. Andererseits wirkt Baron Duquede vor allem unter dem Aspekt, dass seine eigene Herkunft ungewiss ist, wie Settler konstatiert,[213] nicht glaubwürdig. Und auch das Bild des karriere strebenden Majors, der seine Beziehungen nach seinem persönlichen Nutzen auswählt, wird relativiert, wenn sich Duquede am Ende des Gesprächs nicht auf seine Aussagen festlegen lässt: „Ich will gar nichts sagen, Reiff … Ich meine nur so." (1, II, S. 41)

Diese drei Klatschgespräche werden von den Freunden des Hauses van der Straaten auf dem Heimweg geführt, womit in der Retrospektive die gesellschaftliche Sicht auf das Ehepaar dargestellt wird. Wie Settler und Demetz betonen, handelt es sich allerdings bei den Beteiligten um Außenseiterfigu-

---

[213] Vgl. Settler (2001): „L'Adultera", S. 26.

ren, die nicht zur ersten Gesellschaft gehören und deren Meinung zum Geschehen folglich als nicht repräsentativ anzusehen ist.[214]

Das erste Gespräch wird von dem Maler Elimar Schulze und dem Kutscher Ehm geführt und behandelt die baldige Ankunft des Hausgastes. Dieser Dialog steht ganz im Zeichen des Informationsaustausches, wobei dieser unterschiedlich motiviert ist. Während für den Angestellten der Unterhaltungswert überwiegt, schwingt bei dem Maler subtil die gesellschaftliche Komponente mit. Die Informationen aus dem Gespräch dienen ihm zur Festigung der eigenen Position in dem Gesellschaftskreis, denn seine Stellung hängt von der Gunst van der Straatens ab. Gleichzeitig grenzt er sich nach unten hin ab, wie Wengerzink analysiert.[215]

Der Auszug erweitert das Bild des bislang unbekannten Hausgastes, den van der Straaten im Gespräch mit Melanie schon stichpunktartig eingeführt hat. Auch Rubehns Charakterisierung stärkt die These, dass gesellschaftlicher Umgang mit Außenseitern stattfindet. Daneben wird auf den Gesellschaftszustand hingewiesen, dass Angehörige des aufstrebenden Bürgertums von dem Adel und der damit verbundenen Macht abhängig sind.

Die nächsten zwei Gespräche finden zwischen gleichrangigen Gesellschaftsmitgliedern statt, jedoch zeigen sich Abstufungen innerhalb dieses Kreises. Aus dem Gespräch von Major Gryczinski und seiner Frau lässt sich die gesellschaftlich akzeptierte Rolle von Mann und Frau ableiten sowie der Einfluss von Reichtum und Macht auf normenkonformes Verhalten erkennen. Der Klatsch funktionalisiert demnach die für den weiteren Handlungsverlauf relevanten Gesellschaftsregeln und verfeinert das Bild der Zeit. Das geschieht auch im dritten Dialog zwischen dem Polizeirat Reiff und Baron Duquede, der die o. g. Regeln bestätigt und weiter als Positionsmarkierung fungiert. Dabei wird deutlich, dass die beiden Vertreter unterschiedlicher Schichten auf unterschiedliche Bezugssysteme rekurrieren und ergo das Verhalten der anderen Mitglieder nach anderen Maßstäben bewerten. Wie Hess-Lüttich festhält, dient dabei das Klatschobjekt zur Markierung der eigenen Position und zur Stabilisierung des eigenen Gleichgewichts in unsicheren Zeiten des Wandels von Werten und Weltsichten.[216]

---

[214] Vgl. Demetz (1976): Theodor Fontane als Unterhaltungsautor, S. 198; Settler (2001): „L'Adultera", S. 24.
[215] Vgl. Wengerzink (1997): Klatsch als Kommunikationsphänomen, S. 163.
[216] Vgl. Hess-Lüttich (2000): „Die bösen Zungen…", S. 136.

Zu bedenken ist, dass in den exzerpierten Gesprächen nur van der Straaten mit seinem grenzwertigen Verhalten tatsächlich Anlass für Klatsch gegeben hat, jedoch nicht ausschließliches Klatschopfer ist. Und auch wenn die Gespräche differente Positionen verstärkt haben, verweist das gruppenstabilisierende Moment von Klatsch doch auf eine Verbindung der Beteiligten.
Melanies Umzug in die Tiergartenvilla findet kurz nach dem Diner statt. Ihr Ehemann zieht nicht mit hinaus und besucht seine Familie alle drei Tage. Zur Gesellschaft wohnen außerdem noch zwei weitere Damen in der Villa:

> „Möglich dennoch, daß es zu stille Tage gewesen wären, wenn das tiefste Bedürfnis der Frauennatur: das Plauderbedürfnis, unbefriedigt geblieben wäre. Aber dafür war gesorgt. Wie fast alle reichen Häuser hatten auch die van der Straatens einen Anhang ganz alter und halb alter Damen, die zu Weihnachten beschenkt und im Laufe des Jahres zu Kaffees und Landpartien eingeladen wurden. Es waren ihrer sieben oder acht, unter denen jedoch zwei durch eine besonders intime Stellung hervorragten, und zwar das kleine verwachsene Fräulein Friederike von Sawatzki und das stattlich hochaufgeschossene Klavier- und Singefräulein Anastasia Schmidt." (1, II, S.42f.)

Die Erzählerrede beschreibt Klatsch als „tiefste[s] Bedürfnis der Frauennatur" (1, II, S. 42) und weist ihn damit als typisch weibliche Eigenschaft aus. Die Gültigkeit der Aussage diskutiert Althans in ihrer Arbeit[217] und eine Überprüfung dieser These anhand der bereits absolvierten Gespräche lässt einen antagonistischen Schluss zu, denn die erfolgreichen Klatschgespräche wurden stets zwischen Herren geführt.

Klatsch wird in diesem Fall als Beschäftigung während der arbeitsfreien Zeit charakterisiert. Die dafür obligatorische Voraussetzung ist das Zusammentreffen der Klatschtriade, weswegen Melanie die Gesellschaft von zwei älteren Damen an die Seite gestellt wird. Die Tatsache, dass Melanie zum Zwecke der Unterhaltung klatscht und somit Klatsch als eine allgemeingültige Gesprächsform akzeptiert, macht abermals eine Revision des ersten Eindrucks aus dem Dialog mit ihrem Mann vonnöten. Dort verweigerte sie sich einem Klatschgespräch mit dem Hinweis auf dessen unmoralische und degradierende Eigenschaft, wobei nun zu hinterfragen ist, ob sie sich speziell gegen den Klatsch mit ihrem Mann stellt oder ihren Prinzipien in dem oben genannten Beispiel untreu wird. Erstere Auslegung intensiviert die konfliktbeladene Beziehung zwischen den Eheleuten. Die zweite Möglichkeit deutet

---

[217] Vgl. Althans (1985): „Halte dich fern von den klatschenden Weibern…", S. 49-52.

auf den Ehebruch hin, mit dem sie sich komplett gegen ihre moralischen Grundsätze wendet. Im Kontext der Bedeutung, die das Leben im Sommerhaus für Melanie hat, nämlich als „Glück ihrer Freiheit", ihr Wunsch und beständiges Verlangen des Zwanges los zu sein, „[...] die Ruhe vor [van der Straatens] Liebesbeweisen und seinen Ungeniertheiten" (1, II, S. 42), liegt das Motiv ihres Normverstoßes.

Der mittlerweile eingetroffene und willkommen geheißene Hausgast hat sich nach einem Vierteljahr in den Alltag des van der Straatenschen Lebens integriert. Um ihm etwas von Berlin und Umgebung zu zeigen, unternehmen van der Straatens mit ein paar ausgewählten Gästen eine Landpartie nach Treptow und Stralau. Zuerst veranstalten sie Spiele auf der Stralauer Wiese und musizieren, später kehren sie in ein Gasthaus ein, wo sich eine Tischunterhaltung der van der Straatenschen Art ergibt:

> „Und dieses Gespräch, das sich bis dahin medisierend[218] um die Gryczinskis und vor allem auch um den Polizeirat und die neue katilinarische Verschwörung gedreht hatte, fing endlich an, sich näherliegenden und zugleich auch harmloseren Thematas zuzuwenden, beispielsweise, wie hell der ‚Wagen' am Himmel stünde." (1, II, S. 61)

Wieder einmal wird der hohe Unterhaltungswert von Klatsch sichtbar, wenn van der Straaten die Abwesenheit der Gryczinskis und Polizeirat Reiffs nutzt, um über sie zu klatschen. Dabei wird das Thema nicht näher spezifiziert, sondern in der Erzählerrede nur angedeutet. Die Beschreibung, dass nach den Klatschgesprächen „harmlosere[n] Thematas" besprochen werden, ist eine ironische Verkehrung, insofern das anschließende Gespräch, bei dem van der Straaten wieder ins Frivol-Anzügliche verfällt, den endgültigen Bruch zwischen Melanie und ihrem Ehemann evoziert. Seine anstößige Redeweise, über die sie ansonsten hinweggehen kann, bringt sie diesmal in Verlegenheit und sie schämt sich seiner: „Melanie zuckte zusammen, aber niemand sah es, am wenigsten van der Straaten [...]." (1, II, S. 62)

Nach dem Abendessen will die Gruppe nach Treptow übersetzen. Zwei Boote bringen die Herrschaften ans andere Ufer. Fräulein Riekchen und van der

---

[218] Wengerzink (1997): Klatsch als Kommunikationsphänomen, weist nach, dass medisieren als Äquivalent für klatschen verwendet wird, was für diese Arbeit übernommen wird. Vgl. ebd. S. 173.

Straaten fahren nicht auf den Jollen, sondern auf dem Dampfschiff. Van der Straaten nutzt die Zweisamkeit für ein vertrauliches Gespräch:

> „Van der Straaten sah ihnen eine Weile nach und sagte dann zu dem Fräulein: ‚Es ist mir ganz lieb, Riekchen, daß wir zurückgeblieben sind und auf das Dampfschiff warten müssen. Ich habe Sie schon immer fragen wollen, wie gefällt Ihnen unser neuer Hausgenosse? Sie sprechen nicht viel, und wer nicht viel spricht, der beobachtet gut.'
> ‚Oh, er gefällt mir.'
> ‚Und mir gefällt es, Riekchen, daß er Ihnen gefällt. Nur das ‚oh' beklag' ich, denn es hebt ein gut Teil Lob wieder auf, und ‚oh, er gefällt mir' ist eigentlich nicht viel besser als ‚oh, er gefällt mir nicht'. Sie sehen, ich lasse Sie nicht wieder los. Also, nur immer tapfer mit der Sprache heraus. Warum nur oh? Woran liegt es? Wo fehlt es? Mißtrauen Sie seinen Dragonerreservelieutenantsallüren? Ist er Ihnen zu kavaliermäßig oder zu wenig? Ist er Ihnen zu laut oder zu still, zu bescheiden oder zu stolz, zu warm oder zu kalt?'
> ‚Damit möchten Sie's getroffen haben.'
> ‚Womit?'
> ‚Mit dem zu kalt. Ja, er ist mir zu kalt. Als ich ihn das erstemal sah, hatt' ich einen guten Eindruck, obgleich nicht voll so gut wie Anastasia. Natürlich nicht. Anastasia singt und ist exzentrisch und will einen Mann haben.'
> ‚Will jede.'
> ‚Ich auch?' lachte die Kleine.
> ‚Wer weiß, Riekchen.'
> ‚... Also, das erste war: er gefiel mir. Es war in der Veranda, gleich nach dem zweiten Frühstück, wir hatten eben die blauen Milchsatten zurückgeschoben, und es ist mir, als wär' es gestern gewesen. Da kam der alte Teichgräber und brachte seine Karte. Und dann kam er selbst. Nun, er hat etwas Distinguiertes, und man sieht auf den ersten Blick, daß er die kleine Not des Lebens nicht kennengelernt hat. Und das ist immer hübsch, und das Hübsche davon soll ihm unbenommen sein. Er hat aber auch etwas Reserviertes. Und wenn ich sage, was Reserviertes, so hab' ich noch sehr wenig gesagt. Denn Reserviertsein ist gut und schicklich. Er übertreibt es aber. Anfangs glaubt' ich, es sei die kleine gesellschaftliche Scheu, die jeden ziert, auch den Mann von Welt, und er wird' es ablegen. Aber bald konnt' ich sehen, daß es nicht Scheu war. Nein, ganz im Gegenteil. Es ist Selbstbewußtsein. Er hat etwas amerikanisch Sicheres. Und so sicher er ist, so kalt ist er auch.'
> ‚Ja, Riekchen, er war zu lange drüben, und drüben ist nicht der Platz, um Bescheidenheit und warme Gefühle zu lernen.'
> ‚Sie sind auch nicht zu lernen. Aber man kann sie leider verlernen.'
> ‚Verlernen?' lachte van der Straaten. ‚Ich bitte Sie, Riekchen, er ist ja ein Frankfurter!'" (1, II, S. 65f.)

Die Abwesenheit der Anderen ist die Voraussetzung für das Klatschgespräch. Das Verhältnis von Fräulein Riekchen und van der Straaten ist ein besonderes[219], womit die beziehungsstrukturellen Bedingungen für Klatsch gegeben sind. Thema des Dialoges ist der Hausgast Rubehn. Van der Straaten interessiert die Einschätzung des Herrn durch die Vertraute, die ihn als zu kalt, distinguiert, reserviert beschreibt, dessen scheue Zurückhaltung sie als Selbstbewusstsein entlarvt. (1, II, S. 66) Den gleichen Eindruck hat auch Melanie von seinem Foto her.[220] Van der Straaten und Riekchen gehen in ihrer Meinung konform, dass seine kalte Art seinem Auslandsaufenthalt verschuldet ist: „[...] drüben ist nicht der Platz, um Bescheidenheit und warme Gefühle zu lernen." (1, II, S. 66) Wobei Riekchen ihm unterstellt, dass der Aufenthalt diesen kalten Charakterzug nur ausgeprägt hat, jedoch nicht darin begründet liegt. „Sie sind auch nicht zu lernen. Aber man kann sie leider verlernen." (1, II, S. 66)

Das Klatschgespräch komplettiert die Einführung Rubehns. Sein anfänglich positiver Eindruck wird durch Riekchens Beschreibung revidiert und die Figur gerät in Spannung zu dem Charakter van der Straatens. Die herausgearbeiteten fehlenden Eigenschaften attestieren Riekchen und van der Straaten für sich, so ist van der Straaten bescheiden und warm, weil er nie draußen gewesen war (1, II, S. 1) und Riekchen hat ihrerseits die Not des Lebens kennengelernt. (1, II, S. 45) Das Verhältnis von Melanie und Rubehn hingegen wird harmonischer gezeichnet. Insgesamt dient die Positionierung Rubehns zu den Figuren Melanie und van der Straaten, um den Konflikt herbeizuführen. Durch Riekchens Beschreibung wird van der Straaten nicht hellhörig und aufmerksamer: „Und am wenigsten sah er sie [die Ehe] von der Seite her gefährdet, von der aus die Gefahr so nahe lag und von jedem andern erkannt worden wär." (1, II, S. 86)

Die unternommene Landpartie hat wesentlichen Einfluss auf die Beziehungen der Protagonisten. Der Konflikt zwischen Melanie und van der Straaten, der sich in den vorangegangen Gesprächen bereits angedeutet hat und von den gegensätzlichen Charakteren her rührt, kulminiert: „Ihres Gatten Art und Redeweise hatte sie, durch all die Jahre hin, viel Hunderte von Malen in Ver-

---

[219] In einem Gespräch mit Melanie bezeichnet diese das Verhalten van der Straatens gegenüber Riekchen als artiger und rücksichtsvoller als zu jedem andren Menschen. Vgl. 1, II, S. 44.
[220] Vgl. 1, II, S. 16-22.

legenheit gebracht, auch wohl in bittere Verlegenheiten, aber dabei war es geblieben. Heute zum ersten Male schämte sie sich seiner." (1, II, S. 63) Ihre Reaktion hängt mit Rubehns ablehnender Rezeption van der Straatens Äußerung zusammen, der bei dessen Anzüglichkeiten verlegen den Blick senkt. Kurz darauf, auf der Bootsfahrt, kommt es zu einer ersten Annäherung zwischen Rubehn und Melanie, die in ihm einen Gleichgesinnten gefunden hat. Das Geständnis der Zuneigung ändert zunächst nichts zwischen den beiden, nach einer Woche überbringt Rubehn Melanie eine Absage van der Straatens zum Essen. Es entspannt sich zwischen den beiden ein Gespräch:

> „,Ich dächte doch', wiederholte Melanie und lachte. ‚Daß doch auch die Klugen und Klügsten auf diesen Punkt hin immer empfindlich sind! Aber ich bitte Sie, sich aller Empfindlichkeiten entschlagen zu wollen. Sie sollen selbst entscheiden. Beantworten Sie mir auf Pflicht und Gewissen die Frage: ob Ebenezer ein Name ist? Ich meine ein Name fürs Haus, fürs Geplauder, für die Causerie, die doch nun mal unser Bestes ist! Ebenezer! Oh, Sie dürfen nicht so bös aussehen. Ebenezer ist ein Name für einen Hohenpriester oder für einen, der's werden will, und ich seh' ihn ordentlich, wie er das Opfermesser schwingt. Und sehen Sie, davor schaudert mir. Ebenezer ist au fond nicht besser als Aaron. Und es ist auch nichts daraus zu machen. Aus Ezechiel hab' ich mir einen Ezel glücklich kondensiert. Aber Ebenezer!'" (1, II, S. 70)

Abermals wird in diesem Gesprächsauszug auf das adhäsive Potential von Klatsch[221] verwiesen. Melanie stört sich an dem Namen „Ebenezer", der auf seine jüdische Herkunft verweist. Sie will ihn gesellschaftlich adaptieren und einen Spitznamen geben, der die offensichtliche Verbindung zum Judentum nicht zulässt. Motiviert kann diese Umbenennung durch das Liebesgeständnis Rubehns sein, das ihn, wenn nicht als potentiellen Partner, so dann wenigstens als enge Vertrauensperson ausweist. Indem Melanie ihn umbenennt, was sie im Übrigen auch schon bei van der Straaten getan hat[222], will sie Rubehn der gesellschaftlichen Norm anpassen und das Klatschpotential auch in Bezug auf ihre Person verringern.

---

[221] Mit dem adhäsiven Potential bezeichnet Wengerzink (1997): Klatsch als Kommunikationsphänomen, die Furcht vor Klatsch, die zur Einhaltung der gruppenspezifischen Regeln führt. Vgl. ebd. S. 88.
[222] Auch van der Straaten ist jüdischer Herkunft, jedoch zum Christentum konvertiert und getauft. Vgl. 1, II, S. 8 und 70.

Settler meint, dass Fontane mit dem Einbringen des Jüdischen in den Roman[223] die Zeitströmungen aufgreift, wozu weiter noch die Elemente Liberalismus, Konservatismus und Preußenverehrung gehören: „Dreierlei verschmilzt er nun bei der Entstehung von „L'Adultera": Erstens: Der Antisemitismus hat breite Gesellschaftsschichten erfasst [...]. Zweitens: Sein zentrales Anliegen, das Freiheitsrecht der Frau darzustellen, erscheint für preußische Verhältnisse derart exotisch, dass Fontane es durch einen Juden verkörpert [...]"[224] Hingewiesen sei an dieser Stelle noch einmal auf die bereits herausgearbeitete Außenseiter-Stellung des hier aufgezeigten Gesellschaftskreises.[225] Melanies Streben nach gesellschaftlicher Akzeptanz wird durch ihre äußeren Umstände folglich erschwert, weswegen ihre soziale Konformität umso bedeutsamer ist.

Friedrich arbeitet allerdings für dieses Kapitel schlüssig heraus, dass sich Melanie in diesem Gespräch am Weitesten von ihrer gesellschaftlich determinierten Natur entfernt. In dem Gespräch um Rubehns Umbenennung spielt sie unmissverständlich auf einen biblischen Ehebruch[226] an und stellt sich sprachlich auf die gleiche Stufe wie van der Straaten. Er zieht daraus den Schluss: „Jedenfalls wird ihr Anspruch, über van der Straaten wegen seiner Redeweise den Stab brechen zu dürfen, fragwürdig, und es gelingt Fontane so, die allzu simple Rollenverteilung – hier der Finanzmann, der sich in plumpen Anzüglichkeiten ergeht, dort die sensible, leicht verletzbare, fein organisierte Frau – zu vermeiden und epische Distanz von beiden Figuren zu gewinnen."[227] Konklusiv erfasst liegt damit die Schuld für den Ehebruch nicht allein in van der Straatens Verhalten, sondern zu gleichem Anteil auch bei Melanie[228], die auf dem Niveau ihres Mannes den Sittenverstoß provoziert.

---

[223] Fleischer hat sich mit dem Aspekt des Jüdischen bei Fontane umfassend beschäftigt. Siehe dazu: Fleischer, Michael (1998): „Kommen Sie, Cohn." Fontane und die „Judenfrage". Berlin: Selbstverlag.
[224] Settler (2001): „L'Adultera", S. 17f.
[225] Vgl. Demetz (1976): Theodor Fontane als Unterhaltungsautor, S. 198; Settler (2001): „L'Adultera", S. 24ff.
[226] Die Anspielung bezieht sich auf Rubens Ehebruch mit der Nebenfrau seines Vaters Jakob. Vgl. 1. Buch Moses 35, 22.
[227] Friedrich (1968): Das Glück der Melanie van der Straaten, S. 365.
[228] Vgl. ebd. S. 365.

Rubehns Besuch in der Tiergartenvilla wird von van der Straaten begrüßt. Melanie hat ein Programm zusammengestellt, nach dem sie zusammen musizieren, essen und Rubehn anschließend das Anwesen gezeigt wird. Dabei spazieren Melanie und Rubehn in Begleitung von Anastasie und Melanies Tochter Heth vom Obstgarten zum Palmenhaus, wo sie den Gärtner Kagelmann treffen. Mit ihm unterhalten sie sich über den Ehebruch einer Gärtnersfrau:

> „So nahm er denn auch heute das scherzhaft hingeworfene ‚wenn wir dürfen' in bester Stimmung auf und sagte, während er mit der Rechten (in der er einen kleinen Aurikeltopf hielt) seine großschirmige Mütze nach hinten schob: ‚Jott, Frau Rätin, ob Sie dürfen! Solche Frau! Solche Frau wie Sie darf allens. Un warum? Weil Ihnen allens kleid't. Un wen alles kleid't, der darf ooch alles. Uff's Kleiden kommt's an. 's gibt welche, die sagen, die Blumen machen dumm und simplig. Aber daß es uff's Kleiden ankommt, so viel lernt man bei de Blumens.'
> ‚Immer mein galanter Kagelmann', lachte Melanie. ‚Man merkt doch den Unverheirateten, den Junggesellen. Und doch ist es unrecht, Kagelmann, daß Sie so geblieben sind. Ich meine, so ledig. Ein Mann wie Sie, so frisch und gesund, und ein so gutes Geschäft. Und reich dazu. Die Leute sagen ja, Sie hätten ein Rittergut. Aber ich will es nicht wissen, Kagelmann. Ich respektiere Geheimnisse. Nur das ist wahr, Ihr Efeuhaus ist zu klein, immer vorausgesetzt, daß Sie sich noch mal anders besinnen.'
> ‚Ja, kleen is es man. Aber vor mir is es jroß genug, das heißt vor mir alleine. Sonst... Aber ich bin ja nu all sechzig.'
> ‚Sechzig. Mein Gott, sechzig. Sechzig ist ja gar kein Alter.'
> ‚Nee', sagte Kagelmann. ‚En Alter is es eigentlich noch nich. Un es jeht ooch allens noch. Un janz jut. Un es schmeckt ooch noch, un die Gebrüder Benekens dragen einen ooch noch. Aber viel mehr is es ooch nich. Un wen soll man denn am Ende nehmen? Sehen Se, Frau Rätin, die so vor mir passen, die gefallen mir nich, un die mir gefallen, die passen wieder nich. – Ich wäre so vor dreißig oder so drum rum. Dreißig is jut, un dreißig zu dreißig, das stimmt ooch. Aber sechzig in dreißig jeht nich. Und da sagt denn die Frau: borg' ich mir einen.'
> Melanie lachte.
> Kagelmann aber fuhr fort: ‚Ach, Frau Kommerzienrätin, Sie hören so was nich un glauben jar nich, wie die Welt is un was allens passiert. Da war hier einer drüben bei Flatows, Cohn und Flatow, großes Ledergeschäft (un sie sollen's ja von Amerika kriegen, na, mir is es jleich), und war ooch en Gärtner, un war woll so sechsundfufzig. Oder vielleicht ooch erst fünfundfufzig. Un er nahm sich ja nu so 'n Madamchen, so von 'n Jahrer dreißig, un war 'ne Wittib, un immer janz schwarz, un 'ne hübsche Person, un saß immer ins mittelste Zelt, Nummer 4, wo Kaiser Wilhelm steht un wo immer die Musik is mit

Klavier un Flöte. Ja, du mein Jott, was hat er gehabt? Jar nichts hat er gehabt. Un da sitzt er nu mit seine drei Würmer, und Madamchen is weg. Un mit wen is se weg? Mit'n Gelbschnabel, un hatte noch keene zwanzig uff 'n Rücken, un Teichgräber sagt, er wär' erst achtzehn gewesen. Un möglich is es. Aber ein fixer kleiner Kerl war es, so was Italiensches, un war doch bloß aus Rathnow. Aber een paar Oogen! Ich sag' Ihnen, Frau Kommerzienrätin, wie 'n Feuerwerk, un es war or'ntlich, als ob's man so prasselte.'

‚Ja, das ist traurig für den Mann', lachte Melanie. ‚Aber doch am traurigsten für die Frau. Denn wenn einer solche Augen hat...'

‚Un so was is jetzt alle Tage', schloß der Alte, der auf die Zwischenbemerkung nicht geachtet hatte und wieder bei seinen Töpfen zu stellen und zu kramen anfing.

Aber Melanie ließ ihm keine Ruh'. ‚Alle Tage', sagte sie. ‚Natürlich, alle Tage. Natürlich, alles kommt vor. Aber das darf einen doch nicht abhalten. Sonst könnte ja keiner mehr heiraten, und es gäbe gar kein Leben und keine Menschen mehr. Denn ein kleiner fixer Gärtnerbursche, nu, mein Gott, der find't sich zuletzt überall.'

‚Ja, Frau Kommerzienrätin, das is schon richtig. Aber mitunter find't er sich immer, und mitunter find't er sich bloß manchmal. Heiraten! Nu ja, hübsch muß es ja sind, sonst täten es nich so viele. Aber besser is besser. Un ich denke, lieber bewahrt als beklagt'" (1, II, S. 77-79)

Klatschinitiator in diesem Gespräch ist der Gärtner Kagelmann. Die Beziehung zwischen Melanie und dem Angestellten zeichnet sich bei den introduzierenden Worten als vertraut aus: Melanie nennt ihn „alter Freund", wohingegen Kagelmann zu ihr aufschaut „[…] und nur wenn er die ‚Frau Rätin' sah, erwies er sich auffallend verbindlich und guter Laune", „Solche Frau wie Sie darf allens." (1, II, S. 77) Als Vertrauensbestätigung erzählt Melanie Kagelmann von dem Klatsch über ihn „Die Leute sagen ja, Sie hätten ein Rittergut." (1, II, S. 77) Um sich jedoch von dem Eindruck der Klatschhaftigkeit zu distanzieren, versichert sie ihre Vertrauenswürdigkeit: „Ich respektiere Geheimnisse." (1, II, S. 77) Sie hinterfragt Kagelmanns Ehelosigkeit. Er führt sie auf sein fortgeschrittenes Alter zurück; dazu käme, dass Frauen, die ihm gefallen, zu jung für ihn seien und wegen des Altersunterschieds eine Ehe zum Scheitern verurteilt wäre. „Aber sechzig und dreißig jeht nich. Und da sagt denn die Frau: borg' ich mir einen." (1, II, S. 77) Daraufhin erfolgt der Klatsch über einen anderen Gärtner, der in seinen späten Jahren noch einmal eine jüngere, verwitwete Frau geheiratet hat, die ihn und die drei Kinder wegen eines jüngeren Gärtnerburschen verlassen hat.

Auch wenn der Ehebruch in Bezug auf den Gärtner erzählt wird und als praktisches Beispiel für die Lebensweisheit fungiert, ist er doch als Parallele zu Melanie und van der Straaten zu sehen und damit Vorausdeutung des Geschehens. Bemerkenswert an dem Dialog ist Melanies Reaktion auf die Ausführungen Kagelmanns. Sein Argument, dass ein zu großer Altersunterschied zu einem unglücklichen Ausgang einer Ehe führt, belacht sie, genauso wie sein Beispiel. Die Klatschgeschichte zieht sie sogar ins Lächerliche „‚Ja, das ist traurig für den Mann', lachte Melanie." (1, II, S. 77) Einerseits kann ihr Lustig-Machen in mangelndem Respekt vor dem Gärtner begründet sein, der eben nicht auf einer Gesellschaftsebene mit ihr steht und mit seinem Wissen und Bildung weit hinter ihr zurücksteht.[229] Andererseits kann es an dem Thema des Klatsches liegen. Wie Wengerzink vorführt, exkludiert der Gärtner verschiedene Moralverstöße, wie den Ehebruch der Frau an sich, das Zurücklassen der Kinder entgegen ihren Mutterpflichten, sowie im Vorhinein die alleinige Partizipation an Unterhaltungsveranstaltungen.[230] Bis auf den letzten Punkt macht sich Melanie der beiden anderen schuldig. Ein wesentlicher Unterschied besteht jedoch hinsichtlich der Motivation des Ehebruchs. Das Beispiel des Gärtners ist eindeutig sexuell-leidenschaftlich begründet „Aber een paar Oogen! […] wie'n Feuerwerk, un es war or'ntlich, als ob's man so prasselte" (1, II, S. 78), wohingegen Melanies Untreue aus dem Selbstbestimmungsrecht resultiert und quasi ein Nebenprodukt oder Mittel zum Zweck in ihrem Streben nach persönlicher Freiheit und Glück ist.

Das Gespräch mit dem Gärtner ist insoweit von besonderer Relevanz, als erstens das Dienstpersonal die Problematik betreffenden Urteile fällt.[231] Kagelmann repräsentiert die konservative Meinung der Gesellschaft „Un ich denke, lieber bewahrt als beklagt." (1, II, S. 79) Zweitens geschieht im Anschluss an die Unterhaltung der Ehebruch von Melanie und Rubehn, der die Grundlage für den offenen Konflikt mit der Gesellschaft bildet.

Während die Affäre zwischen Melanie und Rubehn nun schon von Sommer bis Winter dauert, hat van der Straaten einen Karrieresprung geschafft, der ihn voll und ganz einnimmt. Die berufliche Verbesserung im ministerialen Umfeld bringt neue gesellschaftliche Verpflichtungen für das Haus, die ihn gewisse Unstimmigkeiten in seinem engen Kreis übersehen lassen. Reiff,

---

[229] Das belegen sein Dialekt wie auch die teilweise grammatikalisch und syntaktisch falschen Sätze. Vgl. Wengerzink (1997): Klatsch als Kommunikationsphänomen, S. 178.
[230] Vgl. Wengerzink (1997): Klatsch als Kommunikationsphänomen, S. 180.
[231] Vgl. Settler (2001): „L'Adultera", S. 27.

Duquede und vor allem Gryczinski distanzieren sich von Rubehn (1, II, S. 84), was van der Straaten auf eine Liaison mit Anastasia zurückführt.

> „Um vieles heiterer gestalteten sich die kleinen Reunions, wenn die Gryczinskis fehlten und statt ihrer bloß die beiden Maler und Fräulein Anastasia zugegen waren. Dann wurde wieder gescherzt und gelacht, wie damals in dem Stralauer Kaffeehaus, und van der Straaten, der mittlerweile von Besuchen, sogar von häufigen Besuchen gehört hatte, die Rubehn in Anastasias Wohnung gemacht haben solle, hing in Ausnutzung dieser ihm hinterbrachten Tatsache seiner alten Neigung nach, alle dabei Beteiligten ins Komische zu ziehen und zum Gegenstande seiner Schraubereien zu machen." (1, II, S. 84)

Bei dem Auszug handelt es sich abermals nicht um ein eigentliches Klatschgespräch, van der Straaten wird hier aber als Klatschrezipient vorgeführt. Er hat von häufigen Besuchen gehört, die Rubehn bei Anastasia macht und folgert daraus eine Affäre der beiden. Er reagiert seiner Manier entsprechend und nutzt den unterhaltsamen Klatsch, um sich auf Kosten der Betroffenen zu amüsieren. Die Erzählerrede legt aber Zusammenhänge offen, die van der Straatens Misstrauen hätten hervorrufen sollen, die er in seiner Naivität jedoch nicht erkennt. „In seiner Scharfsicht oft übersichtig und Dinge sehend, die gar nicht da waren, übersah er ebenso oft andere, die klar zutage lagen." (1, II, S. 84) Indirekt wird damit der Bezug zu dem Bild „L'Adultera" hergestellt, mit dem van der Straaten seine Verlustangst ausdrückt: „Ich will es vor Augen haben, so als Memento mori [...]." (1, II, S. 15)

Mittlerweile ist Weihnachten und der engere Zirkel um van der Straaten feiert das Fest in seinem Haus. Er ist von der Affäre seiner Frau ahnungslos, die anderen Anwesenden wissen allerdings darum. Es entspannt sich ein Gespräch zwischen Baron Duquede und Polizeirat Reiff:

> „Und selbst Melanie lachte mit und schien sich des Glücks der andern zu freuen oder es gar zu teilen. Wer aber schärfer zugesehen hätte, der hätte wohl wahrgenommen, daß sie sich bezwang, und mitunter war es, als habe sie geweint. Etwas unendlich Weiches und Wehmütiges lag in dem Ausdruck ihrer Augen, und der Polizeirat sagte zu Duquede: ‚Sehen Sie, Freund, ist sie nicht schöner denn je?'
> ‚Blaß und angegriffen', sagte dieser. ‚Es gibt Leute, die blaß und angegriffen immer schön finden. Ich nicht. Sie wird überhaupt überschätzt, in allem, und am meisten in ihrer Schönheit.'" (1, II, S. 87)

Wieder einmal klatschen der Baron und der Polizeirat und das Gespräch verläuft nach genau dem gleichen Schema wie der erste Dialog. Reiff initiiert ein Gespräch über Melanies Schönheit, was Duquede sofort in das Gegenteil verkehrt. Für den Sittenwächter verstärkt der emotionale Ausdruck ihrer Augen Melanies Schönheit, der „Ncgationsrat" sieht nur ihre körperliche Konstitution: „blass und angegriffen." (1, II, S. 87) Dabei wird die Gegensätzlichkeit der Positionen betont, wenn Duquede aufteilt, dass es Menschen gibt, die blass und angegriffen schön finden, und welche, die es nicht schön finden. Melanies Zwiespalt, der sich in der Äußerlichkeit spiegelt, ist auf ihre Situation zurückzuführen: Sie liebt Rubehn und ist in der Beziehung mit ihm glücklich, allerdings beruht die Beziehung auf einem Normverstoß, dem Ehebruch. Sie, die Prinzipientreue, Normenachtende, verstößt seit längerer Zeit gegen die Sitte und hintergeht ihren Ehemann, um ihr eigenes Glück zu erhalten. Wie sie nach der Verabschiedung des Besuchs ihrem Ehemann gesteht, ist ihre körperliche Verfassung auf ihre Schwangerschaft zurückzuführen.

Die beiden Klatschvorkommen verdeutlichen den Aspekt der Konfliktvermeidung von Klatsch auf der Beziehungsebene: Van der Straaten, der eine Affäre zwischen zwei Freunden des Hauses vermutet, spricht die beiden auf ihre inoffizielle Beziehung an, die allerdings keinen Tabubruch darstellen würde. Anders dagegen ist der Umgang mit dem wirklichen Normverstoß von Melanie und Rubehn, der den engeren Freunden bekannt ist, die gegenüber van der Straaten aber nichts verlauten lassen. Klatsch funktioniert demnach als Mittel der Konfliktvermeidung, wenn die Bekannten den Sittenverstoß untereinander verbalisieren und bewerten, gegenüber den Betroffenen die offene Auseinandersetzung jedoch meiden.[232] Da Melanie und van der Straaten in einem intimen Verhältnis stehen, gilt für das Verhalten gegenüber dem Betrogenen genauso Zurückhaltung wie gegenüber der Betrügenden.

In dem Dialog zwischen Reiff und Duquede wird abermals deutlich, dass die Positionen der beiden unterschiedlich und unvereinbar sind. Insofern scheint Klatsch ein wichtiges gruppenstabilisierendes Moment zu beinhalten. Interessant an dem Verhalten der Klatschenden gegenüber den Normverstoßenden ist, dass die Ablehnung vor allem gegenüber Rubehn beschrieben

---

[232] Vgl. Kapitel 2.2.2.

wird und weniger gegenüber Melanie.[233] Diese wird erst aus dem Gespräch zwischen den Räten ersichtlich.

Drei Tage nach Melanies Schwächeanfall macht Rubehn einen Krankenbesuch. Melanie hat sich zwischenzeitlich erholt und ist gerade auf dem Weg, sich Accessoires für einen bevorstehenden Ball zu kaufen. Rubehn begleitet sie. Auf dem Weg zu dem Kunstblumengeschäft[234] sprechen sie über ihre Beziehung:

> „Vor dem großen Platz, in den die Straße mündet, trennten sie sich. Er, für seinen Teil, hätte sie gern weiter begleitet, aber sie wollt' es nicht und sagte leise: ‚Nein, Rubehn, es war der Begleitung schon zuviel. Wir wollen die bösen Zungen nicht vor der Zeit herausfordern. Die bösen Zungen, von denen ich eigentlich kein Recht habe zu sprechen. Adieu.' Und sie wandte sich noch einmal und grüßte mit leichter Bewegung ihrer Hand." (1, II, S. 89f.)

Es wird wieder auf das adhäsive Potential von Klatsch hingewiesen, wenn Melanie auf eine weitere Begleitung Rubehns verzichtet. Der gesellschaftlich konforme Umgang zwischen Mann und Frau, die in einem öffentlich-offiziellen Verhältnis[235] zueinander stehen, sieht für einen zweisamen Umgang nur eine begrenzte Zeit vor. Melanie, die sich im Privaten mit dem Ehebruch über die Regeln hinwegsetzt, drängt dafür im öffentlichen Bereich umso mehr auf die Einhaltung der geltenden Normen. In ihrer Aussage: „Wir wollen die bösen Zungen nicht vor der Zeit herausfordern" (1, II, S. 90), zeigt sich eine Erwartungshaltung Melanies als Klatschopfer. Dabei geht der Grund des Klatsches aus dem Hinweis nicht hervor, nämlich ihr uneheliches Kind oder die zukünftige Beziehung mit Rubehn. Denn während Wengerzink aus dem Passus die Absicht der beiden ableitet, sie wollten ihr Verhältnis vor sich und der Gesellschaft mit allen Konsequenzen legalisieren[236], widersprechen Melanies Anspielungen der Lesart: „Und dann geb' ich Sie frei, ganz frei", „Da, wo du *nicht* bist, [ist das Glück]." (1, II, S. 89) Allerdings gesteht sie sich ihr normenmissachtendes Verhalten ein und der Gesellschaft die

---

[233] Vgl. 1, II, S. 84, 87.
[234] Rubehn wählt Granatblumen für Melanie aus. Friedrich deutet diese Wahl motivisch als Aufbruch in ein neues Glück, da Granat Aphrodite attribuiert. Dagegen verweist er auf das Porträt Melanies in ihrem Zimmer, auf dem mit Mohn, als Blume der Ruhe, abgebildet ist. Vgl. ebd. S. 369.
[235] Vgl. Wengerzink (1997): Klatsch als Kommunikationsphänomen, S. 182.
[236] Vgl. ebd.

Beurteilung und Wertung zu. Das zeigt eine erste Bereitschaft von ihr, die Konsequenzen ihres Handelns zu tragen.

Die Situation spannt sich für Melanie immer mehr an; sie leidet physisch und psychisch unter dem ungeklärten Zustand, so dass sie schließlich mit Rubehn Fluchtpläne schmiedet. Sie verabreden sich für den 30. Januar am Bahnhof mit dem Ziel „[…] nach Süden zu, über die Alpen." (1, II, S. 92) In der Nacht hilft ihr die Hausangestellte Christel bei den Fluchtvorbereitungen:

> „So verging eine Weile. Keiner sprach. Endlich aber trat Christel von hinten her an ihre junge Herrin heran und sagte: ‚Jott, liebe, jnädige Frau, muß es denn... Bleiben Sie doch. Ich bin ja bloß solche alte, dumme Person. Aber die Dummen sind oft gar nicht so dumm. Und ich sag' Ihnen, meine liebe Jnädigste, Sie jlauben jar nich, woran sich der Mensch alles jewöhnen kann. Jott, der Mensch jewöhnt sich an alles. Und wenn man reich ist und hat so viel, da kann man auch viel aushalten. Un vor mir wollt' ich woll einstehn. Un wie jeht es denn? Un wie leben denn die Menschen? In jedes Haus is 'n Gespenst, sagen sie jetzt, un das is so 'ne neumodsche Redensart! Aber wahr is es. Und in manches Haus sind zweie, un rumoren, daß man's bei hellen, lichten Dage hören kann. Un so war es auch bei Vernezobres. Ich bin ja nu fufzig, und dreiundzwanzig hier. Und sieben vorher bei Vernezobres. Un war auch Kommerzienrat un alles ebenso. Das heißt, beinah.'
> ‚Und wie war es denn?' lächelte Melanie.
> ‚Jott, wie war es? Wie's immer is. Sie war dreißig, un er war fufzig. Un sie war sehr hübsch. Drall und blond, sagten die Leute. Na, un er? Ich will jar nich sagen, was die Leute von ihm alles gesagt haben. Aber viel Jutes war es nich... Un natürlich, da war ja denn auch ein Baumeister, das heißt eigentlich kein richtiger Baumeister, bloß einer, der immer Brücken baut vor Eisenbahnen un so, un immer mit 'n Gitter un schräge Löcher, wo man durchkucken kann. Un der war ja nu da un wie 'n Wiesel, un immer mit ins Konzert un nach Saatwinkel oder Pichelsberg, un immer 's Jackett übern Arm, un Fächer un Sonnenschirm, un immer Erdbeeren gesucht un immer verirrt un nie da, wenn die Herrschaften wieder nach Hause wollten. Un unser Herr, der ängstigte sich un dacht' immer, es wäre was passiert. Un was die andern waren, na, die tuschelten.'
> ‚Und trennten sie sich? Oder blieben sie zusammen? Ich meine die Vernezobres', fragte Melanie, die mit halber Aufmerksamkeit zugehört hatte.
> ‚Natürlich blieben sie. Mal hört' ich, weil ich nebenan war, daß er sagte: ‚Hulda, das geht nicht.' Denn sie hieß wirklich Hulda. Und er wollt' ihr Vorwürfe machen. Aber da kam er ihr jrade recht. Un sie

73

drehte den Spieß um un sagte: ‚was er nur wolle? Sie wolle fort. Un sie liebe ihn, das heißt den andern, un ihn liebe sie nicht. Un sie dächte gar nicht dran, ihn zu lieben. Und es wär' eijentlich bloß zum Lachen.' Und so ging es weiter, und sie lachte wirklich. Un ich sag' Ihnen, da wurd' er wie 'n Ohrwurm und sagte bloß: ‚sie sollte sich's doch überlegen.' Un so kam es denn auch, un als Ende Mai war, da kam ja der Vernezobresche Doktor, so 'n richtiger, der alles janz genau wußte, der sagte, ‚sie müßte nach's Bad', wovon ich aber den Namen immer vergesse, weil da der Wellenschlag am stärksten ist. Un das war ja nu damals, als sie jrade die große Hängebrücke bauten, un die Leute sagten, er könnt' es alles am besten ausrechnen. Un was unser Kommerzienrat war, der kam immer bloß sonnabends. Un die Woche hatte sie frei. Un als Ende August war, oder so, da kam sie wieder un war ganz frisch un munter un hatte or'ntlich rote Backen un kajolierte ihn. Und von ihm war gar keine Rede mehr.'

Melanie hatte, während Christel sprach, ein paar Holzscheite auf die Kohlen geworfen, so daß es wieder prasselte, und sagte: ‚Du meinst es gut. Aber so geht es nicht. Ich bin doch anders. Und wenn ich's nicht bin, so bild' ich es mir wenigstens ein.'

‚Jott', sagte Christel, ‚en bißchen anders is es immer. Un sie war auch bloß von Neu-Cölln ans Wasser, un die Singuhr immer jrade gegenüber. Aber die war nich schuld mit ‚Üb immer Treu und Redlichkeit'.'

‚Ach, meine gute Christel, Treu und Redlichkeit! Danach drängt es jeden, jeden, der nicht ganz schlecht ist. Aber weißt du, man kann auch treu sein, wenn man untreu ist. Treuer als in der Treue.'

‚Jott, liebe gnädigste, sagen Se doch so was nich. Ich versteh' es eigentlich nich. Un das muß ich Ihnen sagen, wenn einer so was sagt, un ich versteh' es nicht, denn is es immer schlimm. Un Sie sagen, Sie sind anders. Ja, das is schon richtig, un wenn es auch nich janz richtig is, so is es doch halb richtig. Un was die Hauptsache is, das is, meine liebe Jnädigste, die hat eijentlich das liebe kleine Herz auf 'n rechten Fleck, un is immer für Helfen und Geben, un immer für die armen Leute. Un was die Vernezobern war, na, die putzte sich bloß un war immer vor'n Stehspiegel, der alles noch hübscher machte, und sah aus wie 's Modejournal und war eijentlich dumm. Wie 'n Haubenstock, sagten die Leute. Un war auch nich so was Vornehmes wie meine liebe Jnädigste, un bloß aus 'ne Färberei, türkischrot. Aber das muß ich Ihnen sagen, Ihrer is doch auch anders, als der Vernezobern ihrer war, un hat sich gar nich, un red't immer freiweg, un kann keinen was abschlagen. Un zu Weihnachten immer alles doppelt.'" (1, II, S. 94-96)

In dieser Konstellation ist Christel die Klatschbetreiberin und Melanie die Klatschrezipientin, das Klatschopfer ist Christels ehemalige Dienstherrin. Das Thema der Klatschgeschichte ist der Ehebruch, den Frau Vernezobre begangen hat. Christel intendiert mit dem Klatsch, dessen Thema eine Parallele zu Melanies Fall darstellt, Melanie zum Überdenken ihres Plans zu bewegen und sie von der Flucht abzuhalten. Sie arbeitet den Vernezobreschen Ehebruch als ein allgemeines, übertragbares Beispiel heraus „Wie's immer is" (1, II, S. 94) und listet die äußeren Umstände auf, die zu dem Normverstoß führen: ein großer Altersunterschied, ein fragwürdiger Ruf des Ehegatten, eine hübsche Ehefrau, der der Hof gemacht wird. Sie verallgemeinert den Zustand: „In jedes Haus is'n Gespenst [...]" (1, II, S. 94) und zeigt die gesellschaftlichen Reaktionen darauf auf: „Un was die andern waren, na, die tuschelten." (1, II, S. 95) Damit will sie Melanie demonstrieren, dass sie als Konsequenz auf ihren Tabubruch nicht mehr als das Gerede der Leute zu erwarten hat und keine weiteren Sanktionen.

Dieses Gespräch ist insofern von besonderer Bedeutung, als Melanie in ihrer Entscheidung, den Ehemann zu verlassen, um mit dem Liebhaber ein neues Leben aufzubauen, bestärkt wird. Frau Vernezobre wird von Christel als eitel und dumm charakterisiert[237] und zeichnet sich mit ihrer Handlung als egoistisch und selbstsüchtig aus.[238] Außerdem ist sie bürgerlich, „un bloß aus 'ne Färberei, türkischrot"[239] aus „Neu-Cölln ans Wasser [...]."[240] Melanie insistiert auf die Unterschiede zwischen ihnen, die vor allem auf der moralischen Ebene liegen: „Aber so geht es nicht. Ich bin doch anders." (1, II, S. 95) Für sie wird die Prinzipientreue, deren Gültigkeit mit dem Ehebruch hinfällig geworden ist, wieder das hervorstechende Element. Ihren Mann hintergangen zu haben, ist für sie nicht wieder gutzumachen und die einzig logische Konsequenz darauf ist für Melanie der Beweis ihrer Treue in der Untreue.[241] Dass heißt, dass sie den Normverstoß dahingehend wieder gutmacht, dass sie ihre Prinzipien und Tugenden in der neuen Beziehung beweist.

Ehebruch wird in dem Passus als ein durchaus gängiger Normverstoß vorgestellt. Ein möglicher Grund liegt in der Beziehungsform, denn wie aus dem Beispiel hervorgeht, überwiegen bei einem Eheschluss die sozialen und ökonomischen Argumente gegenüber der persönlichen Neigung. Das gilt nicht nur für die Beziehung zwischen van der Straaten und Melanie, schließlich entstammt sie einer verarmten Genfer Adelsfamilie, und ihrerseits ist sie

---

[237] Vgl. 1, II, S. 96.
[238] Vgl. Wengerzink (1997): Klatsch als Kommunikationsphänomen, S. 186.
[239] Ebd. S. 96.
[240] Ebd. S. 95.
[241] Vgl. 1, II, S. 96.

seinem Ansehen förderlich, auch die Vernezobres sind ein weiterer Beleg.[242] Reichtum gilt als Ausgleich für Entbehrungen jeglicher Art. Christel betont diese Regel in Bezug auf van der Straatens fragwürdige Art: „Und ein reicher Mann wird es doch wohl am Ende dürfen" (1, II, S. 96) und bestätigt die These, die zuvor schon von Vertretern des Adels aufgestellt wurde.

Die Erzählung von Christel verweist neben der eigentlichen Klatschgeschichte noch auf weitere Aspekte der pejorativen Gesprächsform. Als Hausangestellte hat sie Einblicke in die Privatsphäre des Ehepaares. Trägt sie die Interna nach außen, missachtet sie die privaten Angelegenheiten der ehemaligen Dienstherren und macht sich moralisch schuldig. Um Melanie gegenüber dennoch vertrauenswürdig zu erscheinen, zu der sie ja im selben Verhältnis steht wie zu den alten Arbeitgebern, bezieht sie sich auf den Klatsch anderer: „sagten die Leute", „Ich will jar nich sagen, was die Leute von ihm alles gesagt haben." (1, II, S. 95) Die Informationen, die sie weitergibt, hat sie auch nur zufällig erhalten und sich nicht darum bemüht „Mal hört' ich, weil ich nebenan war, dass er sagte […]." (1, II, S. 95)

In diesem Gespräch tritt die sanktionierende Funktion von Klatsch hervor, wenn die Leute über den Ehebruch tuscheln und das Verlassen-Werden eines Partner einen Reputationsverlust zur Folge hat. Gleichzeitig wird der Umgang mit dem moralisch kontaminierten Wissen vorgeführt, der negativ auf den Klatschbetreiber zurückfallen kann.

Christels Haltung zu dem Ehebruch ist eine den gesellschaftlichen Normen angepasste, wonach Melanie wegen der Stellung und dem Ansehen bei van der Straaten bleiben soll; Melanie hingegen agiert nach ihren persönlichen Prinzipien.

Kurz nach der Unterhaltung mit Christel betritt van der Straaten Melanies Zimmer, um eine letzte Unterredung mit ihr zu führen. Auch er will sie von ihrer Flucht abhalten und sie überzeugen, ihr Leben mit ihm fortzusetzen. Sie lehnt das ab:

> „‚Ich will fort, nicht aus Schuld, sondern aus Stolz, und will fort, um mich vor mir selber wieder herzustellen. Ich kann das kleine Gefühl nicht länger ertragen, das an aller Lüge haftet; ich will wieder klare Verhältnisse sehen und will wieder die Augen aufschlagen können. Und das kann ich nur, wenn ich gehe, wenn ich mich von dir trenne und mich offen und vor aller Welt zu meinem Tun bekenne. Das wird

---

[242] Frau Vernezobre kommt aus einer Färberei-Familie und heiratet einen Kommerzienrat; außerdem betont sie, dass sie ihn nicht liebt. Vgl. 1, II, S. 94-96.

ein groß' Gerede geben, und die Tugendhaften und Selbstgerechten werden es mir nicht verzeihn. Aber die Welt besteht nicht aus lauter Tugendhaften und Selbstgerechten, sie besteht auch aus Menschen, die Menschliches menschlich ansehen. Und auf die hoff' ich, die brauch' ich. Und vor allem brauch' ich mich selbst. Ich will wieder in Frieden mit mir selber leben, und wenn nicht in Frieden, so doch wenigstens ohne Zwiespalt und zweierlei Gesicht.'" (1, II, S. 101f.)

Klatsch wird hier als erwartete Sanktion der Gesellschaft auf Melanies Handeln angeführt. Sie will ihren Normverstoß vor der Öffentlichkeit rechtfertigen, um wieder in Frieden leben zu können. Dabei bezeichnet sie den Ehebruch nicht als Schuld, sondern nutzt die Situation, um wieder mit sich ins Reine zu kommen. Jeong sieht darin eine demütige Haltung mit Selbstbewusstsein, in der sie sich mit konventioneller Sittlichkeit auseinandersetzt und Verantwortung für ihr Handeln übernimmt.[243] Sie will ihren Fehler ausgleichen und rekurriert auf ihre Tugend und Moral. Das ist ein erster nötiger Schritt, um den bevorstehenden gesellschaftlichen Sanktionen zu begegnen. Indem sie die Konsequenz ihrer Handlung trägt, hebt sie außerdem den Unterschied zu anderen Ehebrüchen hervor. Sie distanziert sich davon, Opfer ihrer Leidenschaft zu sein und verleiht dem Ehebruch und der Flucht mehr Bedeutung. Es ist nicht van der Straaten, der sie vor die Wahl stellt oder mit den Folgen ihres Normverstoßes konfrontiert. Es ist ihr eigenes Verlangen, ihr Vergehen zu rechtfertigen. In ihrem Bestreben, ihre tugendlichen Eigenschaften wiederherzustellen, ist sie konsequent. Deswegen kommt für sie die unmoralische, gesellschaftliche Lösung, nämlich Verheimlichung des Ehebruchs, nicht in Frage. So folgert Wessels aus dem Gespräch: „Neben das Erkennen der gesellschaftlichen Determination der Ehe tritt nun das Bewußtsein der schicksalhaften Determination des Konfliktes."[244]

Melanie und Rubehn sind tatsächlich geflohen. In Italien erhalten sie Scheidungspapiere. Kurz darauf erfolgt ihre Trauung, und bald darauf wird ihre gemeinsame Tochter geboren. Die Situation hat sich für Melanie auf persönlicher Ebene ins Gute gewendet: Sie hat ihre Beziehung zu Rubehn publik gemacht und legalisiert. Von der Gesellschaft haben sie sich zurückgezogen, damit sich das Aufsehen um den Skandal etwas legen kann. Doch die Gesellschaft sanktioniert die Flucht und die neue Trauung mit Ausschluss, worunter

---

[243] Vgl. Jeong (2001): Dialogische Offenheit, S. 48.
[244] Wessels (1972): Konventionen und Konversation, S. 173.

Melanie sehr stark leidet. Schließlich will sie sich der Konfrontation mit der Gesellschaft stellen und sie kehren nach einem Jahr selbstgewählten Exils wieder nach Berlin zurück. Dort ändert sich zunächst nichts an der gesellschaftlichen Isolation und selbst der Versuch, sich mit ihren anderen Kindern zu versöhnen, scheitert kläglich. Melanies Verzweiflung wächst und auch ihre neue Beziehung kann sie nicht trösten. Doch sie erhält ihre Chance auf Wiedergutmachung, als das Bankhaus von Rubehn kurz vor dem Bankrott steht. Die finanziellen Schwierigkeiten, die damit verbunden sind, erfordern Melanies Beitrag zum Lebensunterhalt, den sie unumwunden zu leisten bereit ist. Dabei hat sie nicht nur gegen die Vorbehalte aus der Gesellschaft zu kämpfen, sondern auch ihr Mann ist in seinem Bild von ihr voreingenommen. Er sieht in ihr den „verwöhnten Liebling der Gesellschaft" (1, II, S. 132), kann seinen Eindruck allerdings revidieren. Schließlich schafft Melanie die Versöhnung mit der Gesellschaft:

> „Ihre Kenntnis des Französischen und beinahe mehr noch ihr glänzendes musikalisches, auch nach der technischen Seite hin vollkommen ausgebildetes Talent hatten es ihr leicht gemacht, eine Stellung zu gewinnen, und zwar in ein paar großen schlesischen Häusern, die gerade vornehm genug waren, den Tagesklatsch ignorieren zu können." (1, II, S. 135)

Melanies Normverstoß, der Ehebruch und die Flucht, aber auch das Zurücklassen der Kinder werden gesellschaftlich mit Ausschluss geächtet. Klatsch gleicht in diesem Fall ein fehlendes Rechtssystem aus. Die Reintegration Melanies in die Gesellschaft ist ein Zeichen für das Aufheben der Strafe und das Vergeben ihrer Schuld. Einschränkend gibt die Erzählerrede jedoch wieder, dass Melanies Eingliederung vorerst in ein paar großen schlesischen Häusern stattfindet, die den Tagesklatsch ignorieren können. (1, II, S. 135) In ihrem eigenen Gesellschaftskreis schafft sie die Wiederaufnahme noch nicht.[245] Friedrich fasst zusammen, dass Melanies persönliches Glück unabhängig von der Gesellschaft zu finden ist, und ihr Beschluss für es bestraft wird. Melanie gleicht den Verstoß, den die Entscheidung für ihr persönliches Glück nach sich zieht, jedoch aus, indem sie die Richtigkeit des gesellschaft-

---

[245] Das ändert sich jedoch und die Gesellschaft versöhnt sich mit dem glücklichen und gescheiten Paar, das sich so liebe. „Das [die Liebe] war es, was doch schließlich den Ausgleich gab, und wenn vorher ihre Neigung nur Neid und Zweifel geweckt hatte, so schlug jetzt die Stimmung in ihr Gegenteil um." 1, II, S. 137.

lichen Handelns anerkennt.[246] Die Reife Melanies, die Konsequenzen ihrer Handlung zu (er)tragen und sich in ihrer Beziehung bewähren zu können, sorgt für die Vergebung ihrer Schuld seitens der Gesellschaft. „Denn die Verwirklichung des individuellen Glücksanspruchs läuft den Normen und Konventionen der Gesellschaft zuwider, führt aber am Ende zur Reintegration in eben diese Gesellschaft – nicht als resignierte Affirmation, sondern mit einem deutlichen Zug von praktischem Selbstbewußtsein, der sich gegen den Verdacht der Sentimentalität und der Trivialität behaupten kann", so Plett.[247]

Am Ende proklamiert der Roman das Erkennen der gesellschaftlichen Determiniertheit des Menschen.[248] Dazu gehört das Respektieren des gültigen Werte- und Normensystems des Gesellschaftskreises.[249] Melanie hat sich über die Regeln hinweggesetzt, schafft es aber, sich in ihrer neuen Beziehung vor der Gesellschaft zu bewähren, indem sie wieder auf das alte Normensystem rekurriert. So akzeptiert die Gesellschaft auch ihren Regelbruch um ihres eigenen Glückes willen. Fontane rechtfertigt damit keinesfalls den Ehebruch, sondern proklamiert die Einhaltung der Gesetze, jedoch verurteilt er das Gefühl der Liebe nicht einseitig und verlangt ein vorsichtiges moralisches Urteil über den Einzelfall.[250]

## 3.3 „Effi Briest"

Auch wenn Fontane behauptet „Effi Briest" mühelos und fast wie mit einem „Psychographen" geschrieben zu haben[251], dauert es von Winter 1888/89 bis Oktober 1895, bis die Erstausgabe des Romans auf dem Buchmarkt erscheint. Zuvor schon, 1894/95, wurde ein Vorabdruck des Romans in sechs Teilen in der Deutschen Rundschau publiziert.

---

[246] Vgl. Friedrich (1968): Das Glück der Melanie van der Straaten, S. 379.
[247] Plett (1991): „…kunstgemäß (Pardon)…", S. 89.
[248] Vgl. von der Lühe (1996): „Wer liebt hat recht", S. 129.
[249] Brief an Friedrich Stephany, 16. Juli 1887: „Aber dass sie's [die Sitte gelten] muss, ist mitunter hart. Und weil es so ist, wie es ist, ist es am besten, man bleibt davon und rührt nicht dran. Wer dies Stück Erb- und Lebensweisheit missachtet – von Moral spreche ich nicht gern […] – der hat einen Knacks fürs Leben weg." In: Keitel, Walter; Nürnberger, Helmuth (Hg.) (1982): Theodor Fontane. Briefe. Darmstadt: Wissenschaftliche Buchgesellschaft (Theodor Fontane. Werke, Schriften und Briefe, Abteilung 4. Dritter Band 1879-1889). Hier S. 553.
[250] Vgl. Jeong (2001): Dialogische Offenheit, S. 47.
[251] Brief an Hans Hertz, 2. März 1895. In: Brinkmann (1973): Theodor Fontane, S. 448.

Ehebruch, Duell, gesellschaftliche Determination sind die Kernthemen des Romans „Effi Briest". Erzählt wird die Ehebruchgeschichte der gleichnamigen Protagonistin, die den ehemaligen Verehrer ihrer Mutter, Baron Geert von Innstetten, heiratet. Die Aufstiegschancen, die die Verbindung zu dem Landrat auch Effis Eltern verspricht, überwiegen vor den kritischen Einwänden, wie dem großen Altersunterschied der Eheleute von 21 Jahren, der Gegensätzlichkeit der Charaktere und der Unreife der Braut in Bezug auf ihre Rolle als Ehefrau und Landrätin und der damit verbundenen Aufgaben. Die Diskrepanzen der Eheleute treten relativ schnell nach dem Wegzug vom elterlichen, märkischen Landgut nach dem hinterpommerschen Kessin zutage und die Partner entfremden sich zusehends voneinander. Der prinzipientreue Innstetten treibt, im Sinne der gesellschaftlichen Konventionen, konsequent seine Karriere voran, nimmt dabei jedoch zu wenig Rücksicht auf die Affekte seiner Frau und wirkt sogar erzieherisch auf sie ein, indem er ihre Angst vor Spuk missbraucht, um sie während seiner Absenz zu kontrollieren. Effi dagegen gerät in den Zwiespalt ihrer Vorstellungen einer Liebesbeziehung mit denen von einem gesellschaftlichen Aufstieg. Sie ist eher ein verspieltes Naturkind und weniger eine „Karrierefrau", zumal sie die Anstrengungen, die eine Karriere kostet, nicht aufbringen kann. Ihre Bemühungen, dem aufgedrängten und angestrebten Rollenbild zu entsprechen, müssen zwangsläufig scheitern, weil sie nicht ausreichend Charakterstärke besitzt, um die differenten Anspruchshaltungen ihrer eigenen Person und die der Gesellschaft anzugleichen. Hinzu kommt die gesellschaftliche und in Bezug auf den Ehemann karrierebedingte Einsamkeit, die Effi nicht ertragen kann. Ihre Rettung vor der Langeweile ist der in Kessin stationierte Major Crampas, mit dem sie Abwechslung und Zerstreuung vom ländlichen Alltag findet und schließlich eine ehebrecherische Verbindung eingeht. Nach zwei Jahren führt die Karriere die Familie von Innstetten, zwischenzeitlich gewachsen um die Tochter Anni und die Kinderfrau Roswitha, wieder nach Berlin, wo Innstetten die Stelle eines Ministerialrates antritt. Dort sind die Umstände für Effi besser und ihre Bemühungen, Innstetten eine gute Ehefrau und seiner Repräsentation zweckdienlich zu sein, umso größer, als sie die Gefahr gebannt weiß, die von der devianten Liaison ausgegangen ist. Es vergehen sieben gute und ruhige Jahre, in denen die Beziehung, wie auch Effis Charakter, an Festigkeit gewinnen, die aber jäh vorüber sind, als Innstetten per Zufall in den Besitz von alten Liebesbriefen Crampas' an Effi gelangt. Innstetten reagiert darauf normenkonform, reicht umgehend die Scheidung von seiner Frau ein und fordert den Liebhaber zu einem Duell, das für diesen tödlich endet. Effi, von der Gesellschaft und der Familie verstoßen, verkümmert zusehends in der gesellschaftlichen Isolation. Nachdem ihr Gesundheitszustand so schlecht geworden ist, dass ihr Tod bevor steht, setzen sich ihre Eltern über das gesellschaftlich sanktionierte Umgangsverbot hinweg und nehmen ihre Tochter wieder bei sich auf. In ihrem Elternhaus stirbt Effi schließlich.

Hehle sagt aus: „In ‚Effi Briest' erreicht Fontanes Erzählkunst einen Höhepunkt. Unzählige Motive und Motivstränge durchziehen den Roman, an der Oberfläche des manifesten Textes ebenso wie in verborgenen Subtexten."[252] Sie verweist damit auf die vielfältigen Interpretationsmöglichkeiten von Fontanes bekanntestem Roman[253], der in der Forschung umfassend und ausgiebig bearbeitet wurde. Fontane unterlegt das Hauptthema, den Ehebruch Effi Briests, mit weiteren Themen wie Eheverständnis, geschlechtsspezifische Rollenbilder, Ehre, Duell, Spukgeschichten und einem mysteriösen Chinesen und webt die Motive verbindend in das feinmaschige Netz der gesellschaftlichen Konvention und Determiniertheit ein.

Das Hauptinteresse der Forschung gilt der Ursache der gescheiterten Ehe. Dabei ist einmal schon die Anlage des Ehe-Themas diskussionswürdig, wenn Elemente der Neigungsehe als auch ökonomische Beweggründe für die Heirat angeführt werden, die ihrerseits dadurch besonders betont werden, dass die Mutter die Hand ihrer Tochter ihrem ehemaligen Verehrer gibt. Einig ist sich die Forschung darin, dass die Neigungsehe im 19. Jahrhundert das Ideal einer ehelichen Verbindung darstellt, jedoch ist die ökonomische Heirat aus

---

[252] Hehle, Christine (1998): Theodor Fontane. Effi Briest. In: Erler, Gotthard (Hg.): Theodor Fontane. Große Brandenburger Ausgabe. Das erzählerische Werk. Berlin: Aufbau-Verlag, Bd. 15. Hier S. 362.

[253] „Effi Briest" gilt als einer *der* deutschen Ehebruchromane, der sich überhaupt nur im europäischen Vergleich behaupten kann, so meinen es bspw. Hehle (1998): Theodor Fontane; Jeong (2001): Dialogische Offenheit; Kretzenbacher, Heinz L. (1990): Das Kulturthema Ehre. Über Ehre, Ironie und kulturelle Interferenz: Ehebruch und Ehrenkonflikt bei Theodor Fontane und Eça de Queirós. In: Wierlacher, Alois (Hg.): Jahrbuch Deutsch als Fremdsprache. München: Iudicium Verlag (16), S. 32-71. Eggert, Hartmut (1993): Ehe und Sexualität. Erzählerischer Umgang mit gesellschaftlichen Normen von Goethes Wahlverwandtschaften bis Fontanes Effi Briest. In: Brockmeier, Michaud Stéphane (Hg.): Sitten und Sittlichkeit im 19. Jahrhundert. Les morales au XIXe siècle. Stuttgart: M & P Verlag für Wissenschaft und Forschung, S. 58-81. Hier S. 58. Er sagt, dass es im europäischen Vergleich keinen gleichwertigen Gesellschaftsroman im 19. Jahrhundert wie „Effi Briest" gibt.

traditionell machtpolitischen Gründen weiterhin das gängige Modell.[254] Während Jeong und Do daraus ableiten, dass der gesellschaftliche Druck, eine vorteilhafte, karrierefördernde Verbindung einzugehen, zur Einwilligung in die Ehe führt[255], obwohl Effi von vornherein andere Eheglücksvorstellungen hat[256], sieht Schmiedt erstens die Disposition der Figuren für das Scheitern der Ehe verantwortlich und zweitens den Einfluss ungünstiger Umstände, quasi des Schicksals.[257] Die Verbindung der beiden offensichtlich konträren Charaktere folgt demnach den gesellschaftlichen Konventionen und hat durchaus für beide Seiten Vorteile.[258] Es ist jedoch naheliegend, dass Effi die Geschlechterrolle der Ehe- und Karrierefrau für sich nicht einnehmen kann. Der Vorwurf, dass Effi zu früh[259] und ihre Eigenschaften missachtend verheiratet wird und deswegen den gesellschaftlichen Ansprüchen nicht standhalten kann, trifft hauptsächlich ihre Mutter. Über deren Motive und den Einfluss ihrer Beziehung zu Innstetten lässt sich spekulieren, denn es ist zwar einerseits möglich, dass sie unbewusst mit ihrer Tochter ihre verpasste Chance wieder gut machen will, als sie damals die Verbindung zu ihm zugunsten des bessergestellten Briests gelöst hat, obwohl aufrichtige Gefühle beiderseits vorhanden waren. Andererseits wirkt sich die gemeinsame Vergangenheit nicht spürbar auf die neue Beziehung ihrer Tochter zu Innstetten aus,

---

[254] Vgl. hierzu die Ausführungen von Do, Ki-Sook (2003): Ehe und Ehebruch in der Literatur des 19. Jahrhunderts. Untersuchungen zu Gutzkow, Stifter, Büchner und Fontane. Berlin: Mensch und Buch Verlag, Hier S. 151-154; Schmiedt (1993): Liebe, Ehe, Ehebruch; S. 97-101; Jeong (2001): Dialogische Offenheit, S. 117-125, Schmiedt (2000): Die Ehe im historischen Kontext, S. 102-105; Wende (2000): „Es gibt ... viele Leben, die keine sind ...", S. 148-151.

[255] Vgl. Jeong (2001): Dialogische Offenheit, S. 118. Er sieht den Druck darin, dass die Selbstverwirklichung in einer Ehe für die Frau nicht möglich ist und außerdem gesellschaftliches Ansehen und Karriere den Glücksvorstellungen entspricht.

[256] Vgl. Do (2003): Ehe und Ehebruch, S. 154. Oder auch Schmiedt (2000): Die Ehe im historischen Kontext, S. 203. „Effi setzt also rhetorisch auf die Liebe als Substanz der Ehe, doch ihre Erläuterungen zielen [...] recht einseitig auf die utilitaristischen Komponenten der Gemeinschaft."

[257] Vgl. Schmiedt (1993): Liebe, Ehe, Ehebruch, S. 102f.

[258] Innstettens Karriere profitiert von Effis Jugendlichkeit und Schönheit, sie dagegen wird schon mit jungen Jahren einen steilen gesellschaftlichen Aufstieg schaffen, so sieht es u. a. Do (2003): Ehe und Ehebruch, S. 160.

[259] Die Diskussion um den Zeitpunkt der Verheiratung beinhaltet auch die sexuelle Unreife, die Do (2003): Ehe und Ehebruch, Effi attestiert, Vgl. ebd. S. 170. Mecklenburg (1998): Theodor Fontane, dagegen erörtert stringent, dass Effi in einem Missverhältnis von künstlicher Geschlechtsneutralität und sexueller Eingebundenheit steht und kommt zu dem Schluss, dass sie zweifelsos kein Kind mehr ist. Vgl. ebd. S. 272.

Schwiegermutter und -sohn haben fast keinen persönlichen Umgang.[260] Frau von Briest handelt somit völlig gesellschaftskonform, provoziert aber eine Wiederholung ihrer Ehegeschichte, die Gemeinschaft mit einem ungeliebten, aber karrierefördernden Mann.[261]

Es bleiben die divergierenden Eigenschaften der Ehepartner[262], die die Konflikte bedingen. Effi, die mit ihrem verspielten, ungezwungenen Wesen die gesellschaftlichen Konventionen rezipiert[263], aber eigentlich nach Liebe und Zärtlichkeit strebt und einen Hang zu Zerstreuungen hat, ist das Gegenteil des prinzipientreuen, reputationsbedächtigen, absolut normenkonformen, empathieunfähigen Innstetten. Während bei Effi ein Bewusstseinsprozess einsetzt, bei dem die Diskrepanz von Konvention und Natürlichkeit deutlich wird, eine Entwicklung als Reaktion auf diese Erkenntnis aber nicht erfolgt[264], ist Innstetten in seiner Person konstant. Da Effi sich verstellt und sich wider ihre Natur der konventionellen Geschlechterrolle anpasst, begibt sie sich in eine Abhängigkeit, die mit ihrem Glücksbestreben nicht vereinbar ist.[265] Die These, dass die normativen Paragraphen als konstitutive Momente des Personalbewusstseins aus den Personen selbst heraustönen, wie Schmiedt behauptet[266], wird unter dem Vorbehalt, dass nicht die eigene Meinung wiedergegeben wird, hinfällig. Zudem stellt Kretzenbacher die Antithese auf, dass die Gesellschaft das Individuum zwar beeinflusst, es aber nicht determiniert.[267] Der Ehebruch Effis ist in diesem Zusammenhang als ein Ausbruch aus dem gesellschaftlichen Regelwerk zu sehen. Ob er nun aus Rache für den

---

[260] Böschenstein, Renate (2001): „Und die Mutter kaum in Salz". Muttergestalten in Fontanes „Vor dem Sturm" und „Effi Briest". In: Jeong, Hang-Kyun (Hg.): Dialogische Offenheit. Eine Studie zum Erzählwerk Theodor Fontanes. Würzburg: Königshausen & Neumann, S. 267-299. Hier S. 291. Böschenstein erkennt nicht überwundene Gefühle als Grund für die Kontaktvermeidung.

[261] Vgl. ebd., S. 295.

[262] Im Roman wird die Gegensätzlichkeit beispielhaft an den von Effi geforderten und von Innstetten nicht erwiderten Zärtlichkeiten vorgeführt. Vgl. 1, IV, S. 103.

[263] So sieht Mecklenburg (1998): Theodor Fontane, dass Effi mangels Erfahrung die Meinung anderer wiedergibt und nicht ihre Überzeugungen vorträgt. Vgl. ebd. S. 266-268.

[264] Vgl. Mittelmann, Hanni (1980): Die Utopie des weiblichen Glücks in den Romanen Theodor Fontanes. Bern: Peter Lang, S. 50.

[265] Vgl. Do (2003): Ehe und Ehebruch, S. 154. „An Effis Schicksal wird deutlich, wie sie ein Opfer der patriarchalischen Ordnung wird. Fontane weist auf die Diskrepanz zwischen der vorherrschenden Eheideologie und Effis persönlichem Eheglück hin."

[266] Vgl. Schmiedt (1993): Liebe, Ehe, Ehebruch, S. 106.

[267] Vgl. Kretzenbacher (1990): Das Kulturthema Ehre, S. 46.

Vertrauensbruch[268] geschieht, wie Mittelmann meint[269], oder weil Effi bei dem „Damenmann" die Zärtlichkeiten bekommt, die ihr Mann ihr verwehrt ebenso wie ein Abenteuer abseits vom tristen Seebad-Alltag[270], bleibt dahingestellt. Effi, die einstimmig in der Forschung als diejenige beschrieben wird, die stets die Gesellschaftsregeln einzuhalten versucht und die passive Rolle der Frau vollkommen ausfüllt, verstößt mit ihrem Tun klar gegen die Norm. Auch die Versäumnisse Innstettens, der seine Frau verkennt, begründen den Tabubruch nicht, ganz zu schweigen davon, dass Effi im Gegenzug zu Innstettens Erziehung von einer moralischen verpflichteten Treue befreit wäre, wie Mittelmann sagt.[271] Die Reaktion des gehörnten Ehemannes auf den Ehebruch, der nach sieben Jahren aufgedeckt wird, folgt trotz einer möglichen Verjährung des Vorfalls den Konventionen: Seine verletzte Ehre muss durch ein Duell wieder regeneriert werden.[272] Davon abgesehen, dass das Duell als Mittel, die Ehre wiederherzustellen[273], nicht mehr uneingeschränkt gilt[274], wird in der Forschung kritisiert, dass das Moment der Öffentlichkeit in der Privatsache, das Innstetten durch einen ratgebenden Mitwisser einführt, eine gesellschaftlich akzeptierte Reaktion erfordert. Zum Schluss steht bei Innstetten jedoch die Erkenntnis, dass das normenkonforme Handeln in Bezug auf seine Heirat, seine Frau und auf das Duell sein persönliches Glück zerstört hat. Zu dieser Einsicht gelangt auch Effi, wie Jeong feststellt.[275] Mit

---

[268] Der Vertrauensbruch wird anhand der Chinesengeschichte aufgezeigt. Eine Spukgeschichte, die auf der Ebene des doppelten Erzählniveaus in die Romanhandlung eingelagert wird. Innstetten nutzt Effis naive Angst vor dem Chinesen erzieherisch, um sie zu kontrollieren. Siehe ausführlich dazu: Rainer, Ulrike: „Effi Briest" und das Motiv des Chinesen. Rolle und Darstellung in Fontanes Roman. In: Zeitschrift für Deutsche Philologie. Bd. 101. Berlin 1982, S. 545-561. Jeong (2001): Dialogische Offenheit, fasst die verschiedenen Deutungsmöglichkeiten des Chinesen in seiner Arbeit zusammen. Vgl. ebd. S. 126-129.
[269] Vgl. Mittelmann (1980): Die Utopie des weiblichen Glücks, S. 53.
[270] Vgl. Wende (2000): „Es gibt ... viele Leben, die keine sind ...", S. 154.
[271] Vgl. Mittelmann (1980): Die Utopie des weiblichen Glücks, S. 53.
[272] Kretzenbacher (1990): Das Kulturthema Ehre, sagt in Bezug auf die Ehre, dass ein passives Gefallenlassen einer Beleidigung die Ehre zerstört und den Ausschluss des Beleidigten aus der Gemeinschaft bedeutete. Vgl. ebd. S. 38.
[273] Mahrdt, Helgard (1998): Öffentlichkeit, Gender und Moral. Von der Aufklärung zu Ingeborg Bachmann. Göttingen: Vandenhoeck & Ruprecht. Hier S. 91. Sie sieht in dem Duell eine Form der Konfliktbewältigung, wonach es „[...] gerade die spezifische Form einer weithin gesellschaftlich tolerierten Handlungsmöglichkeit von Männern [ist], und als solche stellte es die Möglichkeit dar, deren Integrität ohne Einmischung des Staates selbständig zu wahren."
[274] Vgl. Roch, Herbert (1985): Fontane. Berlin und das 19. Jahrhundert. Düsseldorf: Droste Verlag. Hier S. 239.
[275] Vgl. Jeong (2001): Dialogische Offenheit, S. 133.

Effi wird eine Frau vorgeführt, die sich über die repressiven Lebensbedingungen und ihre Unmündigkeit bewusst wird und die an dem starren System der normativen Gesellschaft scheitert.[276] Ihr Tod ist starke Kritik an den alternativlosen Regeln der Gesellschaft, die mit dem menschlichen Gefühl konfrontiert werden.[277] Dabei wird Fontanes Intention ersichtlich, der das strenge Einhalten der gesellschaftlichen Normen und Regeln ohne menschliches Gefühl und Abwägen kritisiert. In eigener Erkenntnisleistung gelangt der Leser zu der intendierten Einsicht, die Fontane technisch formal durch das Schaffen von Leerstellen in den Entscheidungsmomenten des Romans evoziert.[278] Dabei wird der Leser nicht belehrt, sondern mit den konträren Wirklichkeitsmodellen des Romanpersonals konfrontiert.[279]

### 3.3.1 Der Ardenne-Skandal

Was am 29. November 1886 in der Vossischen Zeitung als Bericht über ein tödliches Duell zwischen einem Offizier und einem Amtsrichter H. Eingang findet, schildert den tragischen Ausgang des Ehebruchs der Baronin Elisabeth von Ardenne, geborene Freiin Edle von Plotho mit dem Amtsrichter Emil Hartwich. Hinter dem sogenannten Ardenne-Skandal verbirgt sich die sieben Jahre dauernde Liebesgeschichte zwischen der Offiziersgattin und dem befreundeten Richter, die 1881 in Düsseldorf-Benrath ihren Anfang nimmt.

Die Ehe zwischen Elisabeth und ihrem fünf Jahre älteren Ehemann Armand Léon Baron von Ardenne wurde 1873 trotz Vorbehalten seitens Ardennes Eltern eingegangen[280] – das Ergebnis jahrelangen Werbens des Fähnrichs

---

[276] Vgl. Dethloff (2000): Emma Bovary und Effi Briest, S. 131.
[277] Vgl. Degnering, Thomas (1978): Das Verhältnis von Individuum und Gesellschaft in Fontanes „Effi Briest" und Flauberts „Madame Bovary". Bonn: Bouvier Verlag. Hier S. 79; Müller-Seidel, Walter (1969): Fontanes „Effi Briest". Zur Tradition des Eheromans. In: Heydebrand, Renate von; Just, Klaus Günther (Hg.): Wissenschaft als Dialog. Studien zur Literatur und Kunst seit der Jahrhundertwende. Wolfdietrich Rasch zum 65. Geburtstag. Stuttgart: J.B. Metzlersche Verlagsbuchhandlung, S. 30-58. Hier S. 371; Mittelmann (1980): Die Utopie des weiblichen Glücks, S. 58.
[278] Vgl. Schmiedt (2000): Die Ehe im historischen Kontext, S. 204; Schmiedt (1993): Liebe, Ehe, Ehebruch, S. 110.
[279] Vgl. Wende (2000): „Es gibt ... viele Leben, die keine sind ...", S. 157.
[280] Der aus Belgien stammende Vater Armands ist durch Börsenspekulationen reich geworden und arbeitet als Generalkonsul seines Landes in Leipzig. Die Eltern befürchten eine voreilige Entscheidung des Sohnes und problematisieren die unstandesgemäße Verheiratung der Adeligen mit dem Bürgerlichen. Vgl. Budjuhn, Horst (1985): Fontane nannte sie „Effi Briest". Berlin: Quadriga Verlag Severin. Hier S. 21.

bei den Zietenhusaren um die Adelige.[281] Die Militärkarriere des Mannes, nunmehr Rittmeister bei den Husaren, führt die Familie Ardenne für sieben Jahre nach Düsseldorf-Benrath. Dort lernt Elisabeth bei einem der zahlreichen Abende im Kreise von Künstlern und Militärs den Amtsrichter Emil Hartwich kennen. Der hat drei Kinder mit seiner Frau, die Ehe ist aber nicht glücklich. Vor allem seine künstlerischen Fertigkeiten führen die beiden zusammen, daneben ist er ein passionierter Sportler.[282] Ardenne und Hartwich sind unterschiedlichen Charakters; so wird der Ehemann von Disziplin- und Gehorsamkeitsgedanken bestimmt, Hartwich dagegen ist verständnisvoll und nachsichtig, was Elisabeth anzieht. Auch sie hinterlässt einen starken Eindruck. Der Maler Wilhelm Beckmann beschreibt sie als eine natürliche und Sicherheit ausstrahlende Frau, deren Rätselaugen und „silberhelle Stimme" auf die sie umgebenden Personen beglückend einwirken. „Daß ein solcher Verkehr durch die Macht der Verhältnisse bei einem Freunde mit der Zeit eine solche Kraft der Gefühle aufspeichern musste, dass eines Tages die gewaltsam zurückgehaltene Glut der Empfindungen die Selbstbeherrschung durchbrechen würde, sahen wir mit wachsendem Bangen voraus."[283] Die Affäre dauert über die Düsseldorfer Zeit an, wobei Ardenne argwöhnisch und eifersüchtig die Veränderungen im Umgang von Elisabeth und Hartwich beobachtet. Misstrauen lässt ihn eine versteckte Briefschatulle seiner Frau mit Liebesbriefen Hartwichs aufbrechen, woraufhin er seine Frau mit dem Fund konfrontiert und ihr die Konsequenzen aufzeigt. Er reicht die Scheidung ein und verwehrt ihr den Kontakt zu den Kindern. Hartwich erhält eine Duell-Forderung, der am 27. November 1886 nachgegangen wird, mit tödlichem Ausgang für den Liebhaber. Die lebenstüchtige Elisabeth gibt sich unterdessen nicht ihrem Schicksal als gesellschaftlich Verstoßene hin, sondern lässt sich in der Schweiz zur Krankpflegerin ausbilden; nach einigen anderen Stationen wird sie schließlich zur ständigen Betreuerin einer schwermütigen Fabrikantentochter. Letztlich kann sie sogar den Kontakt zu

---

[281] Budjuhn (1985): Fontane nannte sie „Effi Briest", begründet das anfängliche Zögern Elisabeths. Er stellt sie als eine von dem Charakter und der Intelligenz Armands unbeeindruckte, natürlich-verspielte, unbeschwerte und zurückhaltende junge Frau dar. Vgl. ebd. S. 15-36.

[282] Grieser, Dietmar (2001): Sie haben wirklich gelebt. Von Effi Briest bis zu Herrn Karl, von Tewje bis James Bond. Wien, München: Amalthea. Er stellt heraus, dass Hartwichs Engagement zu einer Revolution des Sportunterrichts an den Schulen führt. Außerdem gilt Hartwich als Initiator des „Zentralvereins für Körperpflege in Volk und Schule".

[283] Hehle (1998): Theodor Fontane, S. 355f.

ihren Kindern und Enkeln wiederherstellen und erreicht das hohe Alter von 99 Jahren. Der erneut verheiratete Ehemann treibt seine Karriere weiter voran, bis ein Zerwürfnis mit dem Kaiser seine Armeekarriere beendet [284]; er stirbt im Alter von 73 Jahren.[285]

Fontane erfährt von dem Vorfall etwa drei Jahre später auf einer Abendgesellschaft bei seiner Gönnerin Emma Lessing. Er selbst bekennt rückblickend: „Die ganze Geschichte ist eine Ehebruchgeschichte wie hundert andere mehr und hätte, als mir Frau L. davon erzählte, weiter keinen großen Eindruck auf mich gemacht, wenn nicht […] die Szene bez. die Worte: ‚Effi komm' drin vorgekommen wären. Das Auftauchen der Mädchen an den mit Wein überwachsenen Fenstern […] machte[n] *solchen* Eindruck auf mich, dass aus *dieser* Szene die ganze Geschichte entstanden ist. An dieser *einen* Szene können auch Baron A. und die Dame erkennen, dass *ihre* Geschichte den Stoff gab."[286] Dass das Gespräch überhaupt auf die Ardennes kommt, liegt nicht etwa daran, dass der Skandal so populär ist, sondern dass Fontane im gleichen gesellschaftlichen Kreis verkehrt. Er gibt an, dass er die Ehebruchgeschichte wahrheitsgetreu abbildet und „nur in Ort und Namen alles transponiert"[287], so dass keine konkreten Bezüge zu den Protagonisten hergestellt werden können und die Diskretion gewahrt wird. Trotzdem fürchtet er sich davor, „[…] dass ihr [Elisabeth von Ardenne] das Buch – so relativ schmeichelhaft die Umgestaltung darin ist – zu Gesicht kommen könnte."[288] Um eine peinliche indiskrete Verifizierung zu vermeiden, da die Urbilder im näheren Umfeld des Autors leben[289], macht Fontane jedoch falsche Angaben

---

[284] Zuvor wurde er vom Kaiser von seiner 2-jährigen Haft begnadigt und sogar noch zum Major ernannt. Vgl. Hehle (1998): Theodor Fontane, S. 358.

[285] Die ausführliche Rekapitulation des Ardenne-Skandals mit intimen Informationen ist durch die Öffnung des Familien-Archivs durch den Urenkel Elisabeth von Ardennes 1997 ermöglicht worden. Eine Anekdote über die Zufallsbegegnung zwischen dem Enkel Elisabeths und einem Neffen Emil Hartwichs, bei dem letzterer Manfred von Ardenne mit der Information konfrontiert: „Ihr Großvater hat meinen Onkel im Duell erschossen!", gilt als Auslöser für die Auseinandersetzung mit der Familiengeschichte. Vgl. Grieser (2001): Sie haben wirklich gelebt, S. 32.

[286] Brief an Friedrich Spielhagen, 21. Februar 1896, In: Brinkmann (1973): Theodor Fontane, S. 460.

[287] Brief an Unbekannt, 12. Juni 1895. In: Keitel, Walter; Nürnberger, Helmuth (Hg.) (1982): Theodor Fontane. Briefe. Darmstadt: Wissenschaftliche Buchgesellschaft (Theodor Fontane. Werke, Schriften und Briefe, Abt. 4, Vierter Band 1890-1898). Hier S. 454f.

[288] Brief an Marie Uhse, 13. November 1895. In: Keitel, Nürnberger (1982): Theodor Fontane. Bd. 4, S. 503.

[289] Vgl. Grieser (2001): Sie haben wirklich gelebt, S. 31.

zu Personen und Orten und ändert Fakten wesentlich, was Zimmermann in seinem Aufsatz nachweist.[290] Das steht allerdings im Widerspruch zu der Proklamation der Abbildung der Realität, die er an anderer Stelle so weit treibt, dass inkorrekte Realitätsbezüge durch Leser korrigiert werden.[291] Vielmehr wird die Verfahrensweise deutlich, wonach Fontane eine Anregung aus einer alltäglichen Situation erhält, die er künstlerisch zu einem symptomatischen Fall der Gesellschaft aufbereitet.[292] „[...] Es kommt immer auf zweierlei an: auf die Charaktere und auf ein nachweisbares oder poetisch zu mutmaßendes Verhältnis von Schuld und Strafe. Hat man das, so findet der, der sein Metier versteht, alles andere von selbst."[293] Wie Zimmermann mutmaßt, reizt Fontane an dem Skandal das Bild der jugendlichen Elisabeth von Plotho, die seinem „Lolita-Typus", einem naturbehafteten, wilden und unschuldigen Mädchen, entspricht.[294] Diese These setzt allerdings voraus, dass Fontane nicht nur von dem Vorfall sondern auch von den Beteiligten umfassende Kenntnis haben musste, da die Ehebrecherin zum Zeitpunkt der Zeitungsmeldung bereits mittleren Alters ist. Der Umfang seiner Kenntnisse wird von Zimmermann und Hehle kontrovers diskutiert. Zimmermann kommt zu dem Schluss, dass Fontane keine umfangreiche Kenntnis des Skandals hatte[295], wohingegen Hehle ihm ein größeres Wissen attestiert, jedoch auf den Skandal sowie nachfolgende Informationen beschränkt und die Biographien der Protagonisten ausschließt. Dadurch, dass Fontane wie die Ardennes dem gleichen Gesellschaftskreis angehörte, kann davon ausgegangen werden, dass in dieser Gemeinschaft nähere Informationen zu dem Vorfall vorlagen. Anders als bei „L'Adultera" distanziert sich Fontane aber mehr

---

[290] Vgl. Zimmermann, Rolf Christian (1997): Was hat Fontanes Effi Briest noch mit dem Ardenne-Skandal zu tun? Zur Konkurrenz zweier Gestaltungsvorgaben bei Entstehung des Romans. In: Fontane-Blätter, H. 64, S. 89-109.
[291] Kritik an diesem Verfahren ist nach Hehle (1998): Theodor Fontane, berechtigt, da dem Realismuskonzept entsprechend die Realität nur den Schein des wirklichen Lebens erzeugen soll. Fontane verweist die Leser, die seine Fiktion für Realität halten, darauf, dass es eben nur ausgedacht ist und der Leser es für wahr halten soll. Vgl. ebd. S. 389.
[292] Vgl. Müller-Seidel (1969): Fontanes „Effi Briest", S. 357.
[293] Briefe an Mathilde von Rohr, 15. Mai 1878, In: Keitel, Walter; Nürnberger, Helmuth (Hg.) (1979): Theodor Fontane. Briefe. München: Carl Hanser Verlag. (Theodor Fontane. Werke, Schriften und Briefe, Abt. 4, Zweiter Band 1860-1878). Hier S. 596f.
[294] Vgl. Zimmermann (1997): Was hat Fontanes Effi Briest noch mit dem Ardenne-Skandal zu tun? S. 98-100. Auch Brackert; Schuller (1981): Theodor Fontane. Effi Briest, sehen den Bedeutungseffekt „Natürlichkeit" bei den weiblichen Figuren Fontanes, Vgl. ebd. S. 161.
[295] Vgl. ebd. S. 104.

von der realen Vorlage im Sinne des Realismuskonzeptes. Auch Friedrich Spielhagen, der ebenfalls im gleichen Kreis verkehrt, antizipiert den Stoff und verarbeitet ihn in seinem Roman „Zum Zeitvertreib"[296], der noch weniger Überschneidungen mit der realen Begebenheit aufweist. Und auch wenn „Effi Briest" der realen Biographie nur nachgebildet ist, um mit einer speziellen Ehegeschichte ein Porträt historischer Konflikte zu geben, wie es Schmiedt sieht[297], lässt sich auch in diesem Fall die These motivieren, dass Fontane damit klatscht, dass sich die Bezüge zu den wirklichen Personen eindeutig herstellen lassen und von Fontane kritisch und exemplarisch vorgeführt werden.

### 3.3.2 Analyse der Klatschgespräche in „Effi Briest"

Auf die kurze auktoriale Einführung in die lokale Szenerie des märkischen Landgutes der Briests und die skizzierten Alltagsbeschäftigungen der Hausdamen, wobei sich ein harmonisches Verhältnis von Mutter und Tochter abzeichnet, folgt das erste Klatschgespräch. Die Tochter Effi bekommt Besuch von ihren drei Freundinnen, denen sie die Liebesgeschichte mit Entsagung ihrer Mutter erzählt:

> „,Aber deine Mama haben wir vertrieben', sagte Hulda. ,Nicht doch. Wie sie euch schon sagte, sie wäre doch gegangen; sie erwartet nämlich Besuch, einen alten Freund aus ihren Mädchentagen her, von dem ich euch nachher erzählen muß, eine Liebesgeschichte mit Held und Heldin und zuletzt mit Entsagung. Ihr werdet Augen machen und euch wundern. Übrigens habe ich Mamas alten Freund schon drüben in Schwantikow gesehen; er ist Landrat, gute Figur und sehr männlich.' […] sagte Hulda ,Nun aber, Effi, nun ist es Zeit, nun die Liebesgeschichte mit Entsagung. Oder ist es nicht so schlimm?'
> ,Eine Geschichte mit Entsagung ist nie schlimm.' ,Ja, du brichst immer wieder ab; am Ende willst du nicht.' ,Oh, ich will schon, aber freilich, ich breche immer wieder ab, weil es alles ein bißchen sonderbar ist, ja beinah romantisch.'
> ,Aber du sagtest doch, er sei Landrat.'
> ,Allerdings, Landrat. Und er heißt Geert von Innstetten, Baron von Innstetten.'

---

[296] Der Roman erscheint 1897. Die Differenz besteht vor allem darin, dass es zu keinem eigentlichen Ehebruch kommt und trotzdem ein Duell stattfindet. Briefzeugnisse belegen eine angeregte Korrespondenz der Schriftsteller zu dem Thema. Vgl. Brinkmann (1977): Über die Verbindlichkeit des Unverbindlichen, S. 460-462.
[297] Vgl. Schmiedt (2000): Die Ehe im historischen Kontext, S. 207.

Alle drei lachten.

‚Warum lacht ihr?' sagte Effi pikiert. ‚Was soll das heißen?'

‚Ach, Effi, wir wollen dich ja nicht beleidigen und auch den Baron nicht. Innstetten, sagtest du? Und Geert? So heißt doch hier kein Mensch. Freilich, die adeligen Namen haben oft so was Komisches.'

‚Ja, meine Liebe, das haben sie. Dafür sind es eben Adelige. Die dürfen sich das gönnen, und je weiter zurück, ich meine der Zeit nach, desto mehr dürfen sie sich's gönnen. Aber davon versteht ihr nichts, was ihr mir nicht übelnehmen dürft. Wir bleiben doch gute Freunde. Geert von Innstetten also und Baron. Er ist geradeso alt wie Mama, auf den Tag.'

[...] ‚Nun, gib dich zufrieden, ich fange schon an ... Also Baron Innstetten! Als er noch keine zwanzig war, stand er drüben bei den Rathenowern und verkehrte viel auf den Gütern hier herum, und am liebsten war er in Schwantikow drüben bei meinem Großvater Belling. Natürlich war es nicht des Großvaters wegen, daß er so oft drüben war, und wenn die Mama davon erzählt, so kann jeder leicht sehen, um wen es eigentlich war. Und ich glaube, es war auch gegenseitig.'

‚Und wie kam es nachher?'

‚Nun, es kam, wie's kommen mußte, wie's immer kommt. Er war ja noch viel zu jung, und als mein Papa sich einfand, der schon Ritterschaftsrat war und Hohen-Cremmen hatte, da war kein langes Besinnen mehr, und sie nahm ihn und wurde Frau von Briest ... Und das andere, was sonst noch kam, nun, das wißt ihr ... das andere bin ich.'

‚Ja, das andere bist du, Effi', sagte Bertha. ‚Gott sei Dank; wir hätten dich nicht, wenn es anders gekommen wäre. Und nun sage, was tat Innstetten, was wurde aus ihm? Das Leben hat er sich nicht genommen, sonst könntet ihr ihn heute nicht erwarten.'

‚Nein, das Leben hat er sich nicht genommen. Aber ein bißchen war es doch so was.'

‚Hat er einen Versuch gemacht?'

‚Auch das nicht. Aber er mochte doch nicht länger hier in der Nähe bleiben, und das ganze Soldatenleben überhaupt muß ihm damals wie verleidet gewesen sein. Es war ja auch Friedenszeit. Kurz und gut, er nahm den Abschied und fing an, Juristerei zu studieren, wie Papa sagt, mit einem ‚wahren Biereifer'; nur als der Siebziger Krieg kam, trat er wieder ein, aber bei den Perlebergern statt bei seinem alten Regiment, und hat auch das Kreuz. Natürlich, denn er ist sehr schneidig. Und gleich nach dem Kriege saß er wieder bei seinen Akten, und es heißt, Bismarck halte große Stücke von ihm und auch der Kaiser, und so kam es denn, daß er Landrat wurde, Landrat im Kessiner Kreise.'

‚Was ist Kessin? Ich kenne hier kein Kessin.'

‚Nein, hier in unserer Gegend liegt es nicht; es liegt eine hübsche Strecke von hier fort in Pommern, in Hinterpommern sogar, was aber nichts sagen will, weil es ein Badeort ist (alles da herum ist Badeort), und die Ferienreise, die Baron Innstetten jetzt macht, ist eigentlich ei-

ne Vetternreise oder doch etwas Ähnliches. Er will hier alte Freundschaft und Verwandtschaft wiedersehen.'
‚Hat er denn hier Verwandte?'
‚Ja und nein, wie man's nehmen will. Innstettens gibt es hier nicht, gibt es, glaub ich, überhaupt nicht mehr. Aber er hat hier entfernte Vettern von der Mutter Seite her, und vor allem hat er wohl Schwantikow und das Bellingsche Haus wiedersehen wollen, an das ihn so viele Erinnerungen knüpfen. Da war er denn vorgestern drüben, und heute will er hier in Hohen-Cremmen sein.'
‚Und was sagt dein Vater dazu?'
‚Gar nichts. Der ist nicht so. Und dann kennt er ja doch die Mama. Er neckt sie bloß.'"[298]

Bei diesem Textausschnitt handelt es sich nicht um Klatsch im negativen Sinne, denn es liegt kein moralisches Fehlverhalten vor. Dennoch lassen die beziehungs- und gesprächsstrukturellen Merkmale auf ein Klatschgespräch schließen: der Unterhaltungswert der Geschichte steht im Vordergrund. Effi, die ihren Freundinnen von dem Besucher und dessen vergangenem Verhältnis zu ihrer Mutter berichten will, baut erzähltechnisch durch ständige Unterbrechungen und Abschweifungen vom Thema eine Spannung auf, die die jungen Frauen eine Regelverletzung der Protagonisten vermuten lassen. „Oder ist es nicht schlimm?" (1, IV, S. 10) Das Hinauszögern der Geschichte wird Effi zugestanden, weil sie Interna ihrer Mutter nach außen trägt und dadurch mit moralisch kontaminiertem Wissen hantiert „am Ende willst du nicht" (1, IV, S. 11). Da die beiden Akteure jedoch regelkonform reagiert haben, die Mutter einen anderen Mann geheiratet und der Verschmähte die Abweisung anstandslos hingenommen hat, fährt Effi fort. „Und wie kam es nachher?" (1, IV, S. 12) Die Freundinnen vermuten weiter jedoch eine nonkonforme Reaktion auf die Abweisung, die Effi nicht bestätigen kann. „Hat er einen Versuch gemacht? [sich das Leben zu nehmen]" (1, IV, S. 13) Und so wird der aktuelle Besuch des ehemaligen Liebhabers im Hause Briest als unangemessen angenommen, was Effi wiederum nicht bestätigt. „‚Und was sagt dein Vater?' ‚Gar nichts. Der ist nicht so.'" (1, IV, S. 14)

Dieser Gesprächsauszug lässt erstens eine indirekte Charakterisierung zu, denn die Freundinnen erwarten offensichtlich von Effi eine Klatschgeschichte; zweitens verweist der Auszug auf die gruppenstabilisierende Funktion von

---

[298] Fontane, Theodor: Effi Briest. In: Keitel, Walter (Hg.) (1963): Theodor Fontane. Sämtliche Werke. (Abt. 1, Vierter Band) München: Carl Hanser Verlag. Hier S. 10-14. Im Folgenden im Text zitiert als: 1, IV.

Klatsch, wenn Effi ihre Freundinnen einerseits mit der Geschichte unterhält, aber andererseits damit auch sich selbst erhöht. Denn die Klatschenden stehen zwar in einem freundschaftlich-intimen Verhältnis, dennoch gehören sie nicht der gleichen Gesellschaftsschicht an[299], so dass mit der Geschichte die wegen der unterschiedlichen Herkunft unsichere soziale Einheit[300] gefestigt wird. „Aber davon versteht ihr nichts, was ihr mir nicht übelnehmen dürft. Wir bleiben doch gute Freunde." (1, IV, S. 12)

Diese Geschichte verweist daneben programmatisch auf den gesellschaftlichen, schichtenübergreifenden Kontext in Bezug auf die Bereiche Liebe, Ehe und Konvention und bildet den Maßstab für die weiteren Ereignisse: Die Konvention steht über dem Gefühl.

Das nächste Klatschgespräch findet statt, nachdem Mutter und Tochter Briest von einem mehrtägigen Berlin-Aufenthalt nach Hohen-Cremmen zurückgekehrt sind, wo sie Hochzeitseinkäufe erledigt haben. Denn der Besuch des Barons von Innstetten diente dem erfolgreichen Werben um Effi Briest:

> „Gegen Mittag trafen beide Damen an ihrer havelländischen Bahnstation ein, mitten im Luch, und fuhren in einer halben Stunde nach Hohen-Cremmen hinüber. Briest war sehr froh, Frau und Tochter wieder zu Hause zu haben, und stellte Fragen über Fragen, deren Beantwortung er meist nicht abwartete. Statt dessen erging er sich in Mitteilung dessen, was er inzwischen erlebt. ‚Ihr habt mir da vorhin von der Nationalgalerie gesprochen und von der ‚Insel der Seligen' – nun, wir haben hier, während ihr fort wart, auch so was gehabt: unser Inspektor Pink und die Gärtnersfrau. Natürlich habe ich Pink entlassen müssen, übrigens ungern. Es ist sehr fatal, daß solche Geschichten fast immer in die Erntezeit fallen. Und Pink war sonst ein ungewöhnlich tüchtiger Mann, hier leider am unrechten Fleck. Aber lassen wir das; Wilke wird schon unruhig.'" (1, IV, S. 25)

Ein deviantes Verhalten wird in dieser Klatschgeschichte nur indirekt erzählt, indem Herr von Briest auf Böcklins Bild „Gefilde der Seligen"[301] verweist, das Effi und ihre Mutter zuvor in der Berliner Nationalgalerie gesehen haben.

---

[299] Die Zwillinge Bertha und Hertha sind die Töchter des Kantors Jahnke, Hulda ist die Tochter des Pastors Niemeyer. Vgl. 1, IV, S. 9-11.

[300] Dass dies von Belang ist, belegt die Reaktion der Frau Pastorin Niemeyer, die die Nachricht von Effis Verlobung als Anlass nimmt, über die Ungerechtigkeiten der sozialen Schichten zu lästern. Vgl. 1, IV, S. 20.

[301] 1877 von der Nationalgalerie beauftragt, malte Arnold Böcklin (1827-1901) das „Gefilde der Seligen" (1878), das einen Zentaur umgeben von drei Nymphen zeigt.

Für diejenigen, die das Bild zu lesen verstehen, wird somit deutlich, dass Inspektor Pink die verführerische Gärtnersfrau begehrte und sich auf ein ehebrecherisches Verhältnis mit ihr eingelassen hat.[302] Briest teilt diesen Klatsch seiner Frau und Tochter als Neuigkeit mit und berichtet über die Konsequenzen des Ehebruchs für den Inspektor und für sich selbst. Die Sanktionen für die Gärtnersfrau hingegen erläutert er nicht weiter.

Da das Klatschopfer nicht der gleichen sozialen Schicht wie Familie Briest angehört, wird der Vorfall nicht weiter in einem Gespräch ausgeführt oder bewertet, sondern ausschließlich von Herrn von Briest referiert und seine normenkonforme Reaktionen darauf gezeigt: „Natürlich habe ich Pink entlassen müssen, übrigens ungern." (1, IV, S. 25) Außerdem stellt er die Auswirkungen des Vorfalls in Beziehung zu seinen Geschäften: „Es ist sehr fatal, dass solche Geschichten immer in die Erntezeit fallen." (1, IV, S. 25) Es zeigt sich erneut die unbarmherzige Gültigkeit der gesellschaftlichen Regeln, die sogar dann eingehalten werden, wenn sie sich negativ auf eigene Belange auswirken können. Und das, obwohl der Verstoß nicht in der eigenen sozialen Einheit stattgefunden hat.

Der Auszug verdeutlicht dabei nicht nur die allgemeine und schichtenübergreifende Gültigkeit der Normen und der Moral, sondern lässt auch auf die Eigenschaft des Klatschenden schließen. Indem Herr von Briest die für die Rezipienten eigentlich uninteressante Geschichte überhaupt erzählt, wird exemplarisch sein Hang zu Zweideutigkeiten belegt.[303]

Das sexuell konnotierte Bild, an dem Herr von Briest das Fehlverhalten des Inspektors und der Gärtnersfrau belegt, diente zugleich Effis sexueller Aufklärung.[304] Damit wird strukturell eine Verbindung zwischen Effis beginnendem Sexualleben und den Konsequenzen eines normabweichenden Verhaltens hergestellt, was romantechnisch gesehen einen vorausdeutenden Charakter hat. Gleichzeitig ist an den Stand der sexuellen Aufgeklärtheit, Liebes- und Eheverständnis impliziert, eine weiterführende Problematik angehängt. Denn Effis Position wirkt sich maßgeblich auf ihre Ehe aus, bedingt

---

[302] Vgl. Johann Wolfgang Goethe (2001): Faust. Der Tragödie Zweiter Teil. Stuttgart: Philipp Reclam jun. Hier S. 80-84. Chiron erklärt Faust, dass er die von Faust begehrte Helena auf seinem Rücken trug.
[303] Vgl. 1, IV, S. 19.
[304] Bezüglich des Bildes heißt es: „[…] gingen sie, wie vorgeschrieben, in die Nationalgalerie, weil Vetter Dagobert seiner Cousine die ‚Insel der Seligen' zeigen wollte. ‚Fräulein Cousine stehe zwar auf dem Punkte, sich zu verheiraten, es sei aber doch vielleicht gut, die ‚Insel der Seligen' schon vorher kennengelernt zu haben." 1, IV, S. 23.

den Ehebruch und besiegelt damit ihr Schicksal. In der Forschung wird dieser Punkt jedoch kontrovers diskutiert. Während bspw. Schmiedt oder Zimmermann Effi als unschuldiges, verspieltes Kind betrachten[305], führt Mecklenburg Gegenbeispiele an. Jedoch sieht er Effi in einem Missverhältnis von sexueller Eingebundenheit und künstlich hergestellter Geschlechtsneutralität.[306] Ungeachtet dessen wird Effi mit der Klatschgeschichte die Gesellschaftsregel vermittelt.

Die Hochzeitsvorbereitungen sind im Gange und Effi verbringt ihre letzten Tage vor dem Umzug nach Kessin und ihrer neuen Rolle als Ehefrau in dem elterlichen Haus. Mutter und Tochter sitzen abermals bei Stickarbeiten zusammen, wo sich folgendes Gespräch entspinnt:

> „‚Ach, wie wohl ich mich fühle', sagte Effi, ‚so wohl und so glücklich; ich kann mir den Himmel nicht schöner denken. Und am Ende, wer weiß, ob sie im Himmel so wundervollen Heliotrop haben.'
> ‚Aber Effi, so darfst du nicht sprechen; das hast du von deinem Vater, dem nichts heilig ist und der neulich sogar sagte, Niemeyer sähe aus wie Lot. Unerhört. Und was soll es nur heißen? Erstlich weiß er nicht, wie Lot ausgesehen hat, und zweitens ist es eine grenzenlose Rücksichtslosigkeit gegen Hulda. Ein Glück, daß Niemeyer nur die einzige Tochter hat, dadurch fällt es eigentlich in sich zusammen. In einem freilich hat er nur zu recht gehabt, in all und jedem, was er über ‚Lots Frau', unsere gute Frau Pastorin, sagte, die uns denn auch wirklich wieder mit ihrer Torheit und Anmaßung den ganzen Sedantag ruinierte.'" (1, IV, S. 29)

Luise von Briest zieht ein vergangenes Klatschgespräch zwischen ihrem Mann und sich zum Vergleich von Effis Charakter mit dem ihres Vaters heran, „dem nichts heilig ist" (1, IV, S. 29), was sie an dessen zweideutigem Vergleich des Pastors Niemeyer mit der biblischen Figur Lot festmacht.[307] Der Vergleich beinhaltet den brisanten Vorwurf einer inzestuösen Beziehung zwischen Vater und Tochter, wovon sie sich jedoch distanziert und den Wahrheitsgehalt des Klatsches anzweifelt. Der eigentliche Klatsch schließt sich daran an, wenn Frau von Briest das nonkonforme Sozialverhalten der Frau Pastorin ebenfalls zur Sprache bringt, wobei aus dem Gespräch weder

---

[305] Vgl. Schmiedt (1993): Liebe, Ehe, Ehebruch, S. 98. Zimmermann (1997): Was hat Fontanes Effi noch mit dem Ardenne-Skandal zu tun? S. 99.
[306] Vgl. Mecklenburg (1998): Theodor Fontane, S. 272.
[307] Vgl. 1. Mose 19, 36. Lot schwängert auf der Flucht von Sodom nach Zoar seine beiden Töchter.

hervorgeht, worin das Fehlverhalten bestand noch wie es sanktioniert wurde. Nur das Resultat ihrer charakterlichen Disposition, ein ruinierter Sedantag, wird angeführt. Da die Adelsfamilie und die Pastorenfamilie nicht der gleichen Gesellschaftsschicht angehören, jedoch zwangsläufig gesellschaftlichen Umgang haben, wirkt Klatsch hier als Machtfaktor. Die Frau Pastorin, die bereits den Ruf hat, klatschhaft zu sein[308], verhält sich anmaßend und eifersüchtig[309], und ihr Klatschen fällt negativ auf sie zurück. Frau von Briest demonstriert mit dem abwertenden Gerede ihre bessere gesellschaftliche Stellung und erhöht sich auf Kosten der Pastorin selbst.

Das Gespräch geht direkt über zu Effis noch offenen Ausstattungswünschen, die die Mutter sondiert. Effi spricht von einem Pelz, einem japanischen Bettschirm und einer roten Ampel:

> „,Nun siehst du, Mama, du schweigst und siehst aus, als ob ich etwas besonders Unpassendes gesagt hätte.'
> ‚Nein, Effi, nichts Unpassendes. Und vor deiner Mutter nun schon gewiß nicht. Denn ich kenne dich ja. Du bist eine phantastische kleine Person, malst dir mit Vorliebe Zukunftsbilder aus, und je farbenreicher sie sind, desto schöner und begehrlicher erscheinen sie dir. Ich sah das so recht, als wir die Reisesachen kauften. Und nun denkst du dir's ganz wundervoll, einen Bettschirm mit allerhand fabelhaftem Getier zu haben, alles im Halblicht einer roten Ampel. Es kommt dir vor wie ein Märchen, und du möchtest eine Prinzessin sein.'
> Effi nahm die Hand der Mama und küßte sie. ‚Ja, Mama, so bin ich.'
> ‚Ja, so bist du. Ich weiß es wohl. Aber meine liebe Effi, wir müssen vorsichtig im Leben sein, und zumal wir Frauen. Und wenn du nun nach Kessin kommst, einem kleinen Ort, wo nachts kaum eine Laterne brennt, so lacht man über dergleichen. Und wenn man bloß lachte. Die, die dir ungewogen sind, und solche gibt es immer, sprechen von schlechter Erziehung, und manche sagen auch wohl noch Schlimmeres.'
> ‚Also nichts Japanisches und auch keine Ampel. Aber ich bekenne dir, ich hatte es mir so schön und poetisch gedacht, alles in einem roten Schimmer zu sehen.'" (1, IV, S. 30)

Frau von Briest weist die Wünsche zurück, indem sie die Phantasiebilder ihrer Tochter mit der Realität konfrontiert. Sie verweist auf das adhäsive

---

[308] Vgl. 1, IV, S. 280. Frau Niemeyer ist nach Ansicht der Gemeinde nicht ganz einwandfrei.
[309] Zu Effis Verlobung macht sie die anstandslose Bemerkung, dass Effi den Platz ihrer Mutter einnimmt, damit sie noch mehr Reichtum und Ansehen erlangt. Selbst ihr Mann schämt sich für das Verhalten seiner Frau. Vgl. 1, IV, S. 20.

Potential von Klatsch, die extravagante Staffage würde bei der konservativen Kessiner Gesellschaft Klatsch evozieren, was für Effi, die in die Gesellschaft erst eingeführt wird, äußerst negative Auswirkungen hätte.[310] Frau von Briest rät ihrer Tochter die Anpassung an die Konvention und akzentuiert damit indirekt das Missverhältnis von Effis verspielter Naivität mit ihrer zukünftigen Rolle als karrierebewusste Ehefrau. Weiterhin wird mit der Klatschwarnung Effis neue Heimat beschrieben, wenn Frau Briest Modeprodukte in dem kleinen und hinterwäldlerischen Ort als unpassend bezeichnet. Sie muss ihrer Tochter konforme Verhaltensweisen diktieren und agiert damit ähnlich aufklärerisch wie der Vetter Dagobert in der Nationalgalerie.[311] Die Notwendigkeit untermauert die Diskussion um Effis Unreife und die verfrühte Ehe, die u. a. Schmiedt und Mittelmann sowie Wende führen.[312]

Der gesamte Textauszug verweist auf das reputationsgefährdende Moment des Klatsches, wenn Frau von Briest in einem ersten Schritt über eine klatschhafte Person lästert, deren Ansehen sie damit herabsetzt, und direkt im Anschluss Effi vor der Wirkung des Klatsches warnt. Sie agiert damit erzieherisch und weist Effi in ihre neue gesellschaftliche Position ein, zumal sie bei einem Fehlverhalten ihrer Tochter befürchtet, es könne negativ auf sie zurückfallen „die, die dir ungewogen sind, […] sprechen von schlechter Erziehung." (1, IV, S. 30) Effi dagegen geht ihrer neuen gesellschaftlichen Aufgabe unbedacht und mit mangelndem Ernst entgegen und entlarvt ihren gesellschaftlichen Ehrgeiz als rezipierte Norm.[313] Ihr Missverhältnis von unreifem Kind und gesellschaftlicher Determination markiert ihren Eintritt in die Gesellschaft.

Die letzten Klatschgespräche wurden von Familienangehörigen geführt, weshalb die besondere Vertrauensbeziehung das Risiko des Reputationsverlustes ausschließt. Während die Beiträge des Herrn von Briest, seinem jovialen und zweideutigen Charakter entsprechend, den sexuellen Bereich betreffen, be-

---

[310] Der erdachte Raum mit Bettschirm und Ampel ist erotisch-sexuell konnotiert, was im Widerspruch zu Effis sexueller Unreife steht.
[311] Vgl. 1, IV, S. 23.
[312] Vgl. Schmiedt (2000): Die Ehe im historischen Kontext; Mittelmann (1980): Die Utopie des weiblichen Glücks; Wende (2000): „Es gibt … viele Leben, die keine sind …"
[313] Mecklenburg (1998): Theodor Fontane, sieht die zitierten Normen als Teil von Effis Identitätsbildung, die sich in einem unauflöslichen Ineinander von Zurichtung auf vorgegebene Rollenmuster und mehr oder weniger scheiternde Versuche des Ausweichens vor ihnen festmacht. Ebd. S. 269.

wertet Frau von Briest das Sozialverhalten anderer. Auffällig ist, dass sich alle Gespräche auf bereits geführte Klatschgespräche beziehen, weswegen das deviante Verhalten auch in keinem Fall genauer beschrieben wird. Das stärkt den Eindruck des intimen Verhältnisses der Familie und zeichnet die Kommunikationsform als selbstverständliche Alltäglichkeit aus. Bemerkenswert ist weiterhin, dass die Gespräche Personen betreffen, die nicht der gleichen sozialen Einheit wie Familie Briest angehören, aber dennoch Umgang mit ihr haben. So demonstriert Klatsch hier exemplarisch die schichtenübergreifende Gültigkeit der Gesellschaftsregeln und -normen und akzentuiert den Unterhaltungswert der Gesprächsform. Am Schluss wird der direkte Bezug zu Effi hergestellt, wenn die Mutter ihrer Tochter eine Warnung vor der Macht des Klatsches ausspricht und von ihr angepasstes konventionelles Verhalten fordert.

Am 3. Oktober findet die Hochzeit von Baron Geert von Innstetten und Effi von Briest statt. Ein Gespräch zweier Hochzeitsgäste über die Trauzeremonie folgt:

> „Auch der Hochzeitstag selbst war gut verlaufen. Niemeyer hatte vorzüglich gesprochen, und einer der alten Berliner Herren, der halb und halb zur Hofgesellschaft gehörte, hatte sich auf dem Rückweg von der Kirche zum Hochzeitshaus dahin geäußert, es sei doch merkwürdig, wie reich gesät in einem Staate wie der unsrige die Talente seien. ‚Ich sehe darin einen Triumph unserer Schulen und vielleicht mehr noch unserer Philosophie. Wenn ich bedenke, daß dieser Niemeyer, ein alter Dorfpastor, der anfangs aussah wie ein Hospitalit ... ja, Freund, sagen Sie selbst, hat er nicht gesprochen wie ein Hofprediger? Dieser Takt und diese Kunst der Antithese, ganz wie Kögel, und an Gefühl ihm noch über. Kögel ist zu kalt. Freilich, ein Mann in seiner Stellung muß kalt sein. Woran scheitert man denn im Leben überhaupt? Immer nur an der Wärme.' Der noch unverheiratete, aber wohl eben deshalb zum vierten Male in einem ‚Verhältnis' stehende Würdenträger, an den sich diese Worte gerichtet hatten, stimmte selbstverständlich zu. ‚Nur zu wahr, lieber Freund', sagte er. ‚Zuviel Wärme ... ganz vorzüglich ... Übrigens muß ich Ihnen nachher eine Geschichte erzählen.'" (1, IV, S. 36)

Auch diesmal wird kein eigentliches Klatschgespräch geführt, ein solches wird nur angekündigt. Klatschpartner sind zwei alte, adelige Berliner Herren. Sie loben die Predigt des Pastors Niemeyer, vergleichen sie mit dem Berliner Pastor Kögel und kommen auf die grundsätzliche Diskussion über karrierefördernde Eigenschaften zu sprechen. Aus der Weisheit, dass man im Leben immer nur an zu viel Wärme scheitert, leitet der Gesprächspartner zu einer dem Thema entsprechenden Klatschgeschichte über, die er später erzählen wird. Die Diskussion, die sie über kalte und warme Charaktere führen, berührt eine für den Roman wesentliche Problematik. Indem sie jedoch von zwei Herren geführt wird, die eine zweifelhafte gesellschaftliche Stellung innehaben[314], erfährt die Thematik eine ironische Brechung.

Das Gespräch hat insofern eine vorausdeutende Funktion, als die warm-kalt-Einteilung den Charakteren der Eheleute entspricht sowie Handlungen beschreibt. Effi, die erstens für gleich und gleich, Zärtlichkeit und Liebe ist und dann erst für Reichtum und Ehre (1, IV, S. 32.), ließe sich hiernach dem warmen Charakter zuordnen. Innstetten dagegen ist „frostig wie ein Schneemann" (1, IV, S. 67), ein „Karrieremacher" (1, IV, S.40) und ein „Mann von Prinzipien." (1, IV, S. 35) Dass diese Verbindung kritisch ist und die charakterliche Gegensätzlichkeit destruktiv auf die Beziehung einwirkt, besprechen u. a. Do, Mittelmann und Müller-Seidel. Hinzu kommt das gesellschaftliche Moment, das, wie Mittelmann anführt, mit den natürlichen Bedürfnissen der Menschen nicht übereinstimmt.[315] So kommen zwei füreinander ungeeignete Partner zusammen, die sich einer fragwürdigen und veralteten[316] Konvention beugen und daran schließlich scheitern. Das im Gespräch der zwei Hochzeitsgäste attestierte zwangsläufige Scheitern eines warmen Charakters wird in einem Monolog Effis jedoch auch noch einmal hinterfragt, wenn sie bei sich das Fehlen des richtigen Gefühls feststellt.[317] Dass Effi dennoch scheitert, kann also auf die Dialektik von Konvention und individuellen Ansprüchen zurückgeführt werden.[318] Effi bestätigt die Regel.

Effi und Innstetten, die nach ihrer Hochzeitsreise nun in der neuen Heimat Kessin angekommen sind, machen die zweiwöchige Vorstellungsrunde bei der Stadtgesellschaft und dem Landadel. Beim letzten Besuch der Adelsfami-

---

[314] Der eine Herr gehört halb und halb zur Hofgesellschaft, der andere steht zum vierten Mal in einem Verhältnis. Vgl. 1, IV, S. 36.
[315] Vgl. Mittelmann (1980): Die Utopie des weiblichen Glücks, S. 49.
[316] Schmiedt (2000): Die Ehe im historischen Kontext, stellt für die Romanfiguren fest, dass das alte (ökonomische) Eheverständnis nur getrennt von der Neigungsehe gedacht wird und es keinen Versuch gibt, beides gleichzeitig zu erreichen. Vgl. ebd. S. 204.
[317] Vgl. 1, IV, S. 219. „[…] dann ist etwas nicht in Ordnung mit meiner Seele, dann fehlt mir das richtige Gefühl. […] auf ein richtiges Gefühl, darauf käme es an, und wenn man das habe, dann könne einem das Schlimmste nicht passieren, und wenn man es nicht habe, dann sei man in einer ewigen Gefahr […]."
[318] Vgl. Mittelmann (1980): Die Utopie des weiblichen Glücks, S. 48.

lie Güldenklee auf Papenhagen wird Innstetten in ein Politik-Gespräch mit dem alten Güldenklee verwickelt:

> „‚Wachs in den Händen seiner Frau, die ihm dann eine Nase drehte. Natürlich, Innstetten, das war er. Aber damit wollen Sie diese Puppe doch nicht etwa retten? Er ist und bleibt gerichtet. An und für sich ist es übrigens noch gar nicht mal erwiesen', und sein Blick suchte bei diesen Worten etwas ängstlich nach dem Auge seiner Ehehälfte, ‚ob nicht Frauenherrschaft eigentlich als ein Vorzug gelten kann; nur freilich, die Frau muß danach sein. Aber wer war diese Frau? Sie war überhaupt keine Frau, im günstigsten Fall war sie eine Dame, das sagt alles; ‚Dame' hat beinah immer einen Beigeschmack. Diese Eugénie – über deren Verhältnis zu dem jüdischen Bankier ich hier gern hingehe, denn ich hasse Tugendhochmut – hatte was vom Café chantant, und wenn die Stadt, in der sie lebte, das Babel war, so war sie das Weib von Babel. Ich mag mich nicht deutlicher ausdrücken, denn ich weiß', und er verneigte sich gegen Effi, ‚was ich deutschen Frauen schuldig bin. Um Vergebung, meine Gnädigste, daß ich diese Dinge vor Ihren Ohren überhaupt berührt habe.'" (1, IV, S. 67)

Das eigentlich auf politische Ereignisse und als Bismarck-Bekenntnis ausgerichtete Gespräch wird von Innstetten geschickt auf das unterhaltsamere, größeren Konsens findende Thema der Frauenherrschaft gelenkt. Darauf geht der Vertreter des Landadels sofort mit Prominentenklatsch ein, indem er der Frau Napoleons III., Eugénie, ein unmoralisches Verhältnis mit einem jüdischen Bankier nachsagt.[319] Wie genau sich das Verhältnis gestaltet, verschweigt er allerdings aus Rücksicht auf die anwesenden Damen. Er stellt damit die unmoralische Französin der tugendhaften deutschen Frau gegenüber und bezeugt seine konservative und preußische Gesinnung. Innstetten selbst steht dem Adeligen nicht ganz unkritisch gegenüber, was sich nicht nur daraus ergibt, dass er „auf solche Philistereien anscheinend ernsthaft" (1, IV, S. 68) eingeht, sondern auch aus seiner abendlichen Gesellschafts-Rekapitulation vor Effi, die seine Charakterisierung des Alten als edel und rein als Klatsch entlarvt.[320]

Der Auszug birgt nicht nur zeitthematische Bezüge auf die Bismarck-Politik oder die Judenfrage[321], er eröffnet auch die Diskussion um die Frauen-

---

[319] Damit greift er mediatisierten Klatsch auf; ein zeitgenössisches Flugblatt bezeichnet Eugénie als ‚comtesse de Rothschild'. Vgl. 1, IV, S. 348.
[320] Vgl. 1, IV, S. 68.
[321] Vgl. dazu Müller-Seidel (1969): Fontanes „Effi Briest", S. 358.

frage, denn mit Eugénie de Montijo[322] wird eine einflussreiche und ihrem Mann an Ansehen gleichberechtigte Frau eingeführt, deren selbstbestimmtes Leben für Effi ein unerreichbares Ziel ist. Effi denkt eigentlich freiheitlich, gerät aber dadurch in ein Spannungsverhältnis mit der Gesellschaft.[323] Schließlich fügt sie sich in die Rolle der passiven und emotionalen Frau ein[324] und scheitert daran. An dem Klatsch wird die Einstellung der Gesellschaft gegenüber den Frauen aufgezeigt, die nicht dem typischen Bild entsprechen. In diesem Fall wird dem Klatschopfer das Frau sein abgesprochen und stattdessen die abwertend gemeinte Bezeichnung „Dame" zuteil. Der Adelige vergleicht Eugénie weiter mit einer Schauspielerin oder Kabarettistin, nimmt ihr damit die Glaubwürdigkeit und stellt ihr gesellschaftliches Ansehen in Frage.[325] Dafür ist auch die Sängerin Trippelli ein Beispiel, die ihr Lebensglück nur außerhalb der gesellschaftlichen Konvention finden kann[326], weil sie nicht als vollwertiges Mitglied der Gesellschaft angesehen wird.[327] Als letztes wird Eugénie der Hurerei bezichtigt, was die Auflistung der Untugend abschließt. Güldenklee hat sich damit nicht nur als Landadeligen über die französische Kaiserin erhöht, darin implizit den Mann über die Frau, er hat auch vorgeführt, dass eine selbstbestimmte Lebensführung innerhalb des Gesellschaftskreises nicht möglich ist. Da er Effi zu den tugendhaften Frauen zählt, stärkt er mit dem Klatsch die Beziehung zu den Innstettens. Und auch wenn Innstettens Habitus gegenüber dem Landadeligen nicht uneingeschränkt zustimmend ist, fügt er sich wegen seiner beruflichen Abhängigkeit von den Kessinern der vorherrschenden Meinung.[328] Insgesamt zeigt

---

[322] Eugénie de Montijo (1826-1920), Ehefrau von Napoléon III. und ab 1853 Kaiserin von Frankreich. Mit der Gefangennahme ihres Mannes im Deutsch-Französischen Krieg 1870 ging sie ins Exil und wandte sich der Politik Frankreichs ab. Zuvor hatte sie, konservativ, klerikal und autoritär eingestellt, starken Einfluss auf die Politik ihres Landes genommen und das Land phasenweise allein regiert.
[323] Vgl. Do (2003): Ehe und Ehebruch, S. 169.
[324] Vgl. Schmiedt (1993): Liebe, Ehe, Ehebruch, S. 104.
[325] „Gerade die Schauspielerin erscheint wie ein öffentliches Dementi des weiblichen Geschlechtscharakters, wenn es ihr an Scheu und Scham, Häuslichkeit, Zärtlichkeit und Zurückhaltung, die sich im 18. Jahrhundert als Normen der Weiblichkeit ausbildeten, mangelte." Mahrdt (1998): Öffentlichkeit, Gender und Moral, S. 87.
[326] Vgl. Mittelmann (1980): Die Utopie des weiblichen Glücks, S. 52.
[327] Das belegt auch das Gespräch über die Trippelli zwischen Pastor Lindequist, Innstetten und Effi nach deren Gesangsvorführung bei Gieshübler. Vgl. 1, IV, S. 94-101.
[328] Die Kessiner werden als unsichere, mittelmäßige, glaubensstrenge Menschen beschrieben, die nicht wirklich gut sind. Vgl. 1, IV, S. 44, 45, 65.

sich Frau von Briests Warnung vor der konservativen Kessiner Gesellschaft als berechtigter Rat.

Effi gewöhnt sich allmählich an ihr neues Leben in dem Kurort. Nachdem die Vorstellungsbesuche absolviert sind, widmet sich Innstetten wieder ganz seiner Karriere, zumal Fürst Bismarck in der Nähe weilt. Dies macht seine Absenz erforderlich, die Effi emotional nicht gut verkraftet. An ihrem ersten Abend allein zu Hause findet ein Gespräch zwischen dem Hausmädchen Johanna und der Frau des Amtsdieners Paaschen statt:

> „Johanna war inzwischen nach dem Landratsamt hinübergegangen, um da den Brief einzustecken. Sie hatte sich drüben nicht sonderlich beeilt, vielmehr vorgezogen, mit der Frau Paaschen, des Amtsdieners Frau, ein Gespräch zu führen. Natürlich über die junge Frau.
> ‚Wie ist sie denn?' fragte die Paaschen.
> ‚Sehr jung ist sie.'
> ‚Nun, das ist kein Unglück, eher umgekehrt. Die Jungen, und das ist eben das Gute, stehen immer bloß vorm Spiegel und zupfen und stecken sich was vor und sehen nicht viel und hören nicht viel und sind noch nicht so, daß sie draußen immer die Lichtstümpfe zählen und einem nicht gönnen, daß man einen Kuß kriegt, bloß weil sie selber keinen mehr kriegen.'
> ‚Ja', sagte Johanna, ‚so war meine vorige Madam, und ganz ohne Not. Aber davon hat unsere Gnäd'ge nichts.'
> ‚Ist er denn sehr zärtlich?'
> ‚Oh, sehr. Das können Sie doch wohl denken.' ‚Aber daß er sie so allein läßt ...'
> ‚Ja, liebe Paaschen, Sie dürfen nicht vergessen ... der Fürst. Und dann, er ist ja doch am Ende Landrat. Und vielleicht will er auch noch höher.'
> ‚Gewiß will er. Und er wird auch noch. Er hat so was. Paaschen sagt es auch immer, und er kennt seine Leute.'
> Während dieses Ganges drüben nach dem Amt hinüber war wohl eine Viertelstunde vergangen, und als Johanna wieder zurück war, saß Effi schon vor dem Trumeau und wartete. ‚Sie sind lange geblieben, Johanna.'

„Ja, gnäd'ge Frau ... Gnäd'ge Frau wollen entschuldigen ... Ich traf drüben die Frau Paaschen, und da hab ich mich ein wenig verweilt. Es ist so still hier. Man ist immer froh, wenn man einen Menschen trifft, mit dem man ein Wort sprechen kann. Christel ist eine sehr gute Person, aber sie spricht nicht, und Friedrich ist so dusig und auch so vorsichtig und will mit der Sprache nie recht heraus. Gewiß, man muß auch schweigen können, und die Paaschen, die so neugierig und so ganz gewöhnlich ist, ist eigentlich gar nicht nach meinem Geschmack; aber man hat es doch gern, wenn man mal was hört und sieht.'" (1, IV, S. 72f.)

Die Neugier und der Wunsch nach Unterhaltung motiviert das Klatschgespräch über Effi und deren Beziehung zu Innstetten. Das Hausmädchen Johanna, die der gesellschaftlich höher stehenden Frau Paaschen aufgrund ihrer Intimitätsstellung bei den Innstettens exklusive Neuigkeiten berichten kann, erlangt durch das Gespräch Wertschätzung und Anerkennung. Ihre Gesprächspartnerin betont die vermeintlich gleiche soziale Herkunft, indem sie sie mit einer Binsenweisheit hofiert, womit auf die gruppenstabilisierende Funktion von Klatsch abgehoben wird. Sie stellt die Jugendlichkeit einer Herrin als Vorzug heraus, die den Hausangestellten mehr Freiheiten lässt: „Die Jungen [...] stehen immer vorm Spiegel und zupfen sich und stecken sich was vor und sehen nicht viel und hören nicht viel" (1, IV, S. 72). Davon würde auch Johanna profitieren. Das Hausmädchen dagegen entkräftet die Unterstellung, Effi sei eitel und würde nur vor dem Spiegel stehen, und zeigt sich ihrer neuen Herrin gegenüber loyal. „Aber davon hat unsere Gnäd'ge nichts." (1, IV, S. 72) Und auch als das Thema auf den Herren kommt, zeigt sie sich loyal. Auf die Kritik hin, Effi würde zu häufig von Innstetten alleine gelassen werden, verteidigt Johanna ihren Herren. Sie entschuldigt sein Verhalten mit seinen Karriere-Absichten, die seine Absenz notwendig machen. „Und dann, er ist ja doch am Ende Landrat. Und vielleicht will er auch noch höher." (1, IV, S. 72) So befriedigt sie zwar einerseits mit Klatsch ihr Bedürfnis nach Wertschätzung und Anerkennung, gleichzeitig distanziert sie sich aber auch von den diskreditierenden Absichten der Klatschrezipientin und erhöht sich damit über sie. Dieses kontroverse Agieren wird durch das ihr attribuierte Überlegenheitsgefühl verständlich, denn sie lebte „[...] ganz in dem Hochgefühl, Dienerin eines guten Hauses zu sein." (1, IV, S. 226) Das bekräftigt auch ihre Rechtfertigung vor Effi, bei der sie die Paaschen als „neugierig" und „gewöhnlich" bezeichnet. Allerdings begegnet sie auch ihrer Herrin nicht mit dem nötigen Respekt, denn sie gesteht, vor Effi eine Anweisung missachtet zu haben, um zu klatschen. Sie erwartet anscheinend keine Sanktionen: „Gnäd'ge Frau wollen entschuldigen...Ich traf drüben die Frau Paaschen, und da hab ich ein wenig verweilt." (1, IV, S. 73) Ihr Eingeständnis zu klatschen ist Effi gegenüber ein Machtmittel, da sie mit dem Verbreiten von privatem Wissen maßgeblich auf das Ansehen der Herrin einwirken kann.[329] Sie ist aber auch darauf bedacht, sich von dem Eindruck der Klatschhaftigkeit zu distanzieren: „[...] und die Paaschen [...] ist eigentlich gar nicht nach meinem Geschmack; aber man hat es doch gern, wenn man mal was hört und sieht." (1, IV, S. 73)

Die letzten Klatschgespräche zeigen Effis soziale Eingebundenheit, einmal im Kreis der Kessiner Gesellschaft, dann in ihrem eigenen Haus in der Interaktion mit ihren Angestellten. In beiden Fällen wird ihre Zwangslage herausgestellt, sich normenkonform zu verhalten. In Bezug auf die adelige Gesellschaft werden ihr auch die Konsequenzen einer alternativen Lebensform aufgezeigt, bei der sie nicht nur ihr Ansehen einbüßt, sondern auch ausgestoßen wird. In ihrem Haus fungiert Klatsch als Machtmittel, mit dem sie zur Einhaltung der Normen quasi erpresst wird. Ihre zwangsläufige gesellschaftliche Determiniertheit wird herausgestellt und, wie Mahrdt betont, Effi ihr individueller privater Raum genommen.[330]

Effi, deren Eingewöhnung in das Kessiner Leben von einer „Chinesengeschichte"[331] begleitet wird, hat in ihrer ersten Nacht alleine im Haus eine Geistererscheinung des toten Chinesen. Am nächsten Morgen gerät sie darüber in eine Auseinandersetzung mit ihrem Mann und fordert ihn auf, aus dem Spukhaus um ihres Seelenfrieden willens auszuziehen. Innstettens Replik darauf:

---

[329] Humbert Settler (1999): ‚Effi Briest' – Fontanes Versteckspiel mittels Sprachgestaltung und Mätressenspuk, Flensburg: Baltica-Verlag. Er erarbeitet, dass Innstetten und Johanna ein Verhältnis miteinander haben. Weiter beschreibt er Johannas Einwirken auf Innstettens und Effis Ehe.
[330] Vgl. Mahrdt (1998): Öffentlichkeit, Gender und Moral, S. 85.
[331] Die Enkelin Nina des Chinafahrers Kapitän Thomsen, Vorbesitzer des Innstettenschen Hauses, sollte mit einem Kapitän verheiratet werden. Auf der Hochzeit tanzt sie mit dem Chinesen, verschwindet daraufhin spurlos und nach 14 Tagen stirbt auch der Chinese. Dieser wird daraufhin zwischen den Dünen beerdigt.

> „... Und dann, Effi, kann ich hier nicht gut fort, auch wenn es möglich wre, das Haus zu verkaufen oder einen Tausch zu machen. Es ist damit ganz wie mit einer Absage nach Varzin hin. Ich kann hier in der Stadt die Leute nicht sagen lassen, Landrat Innstetten verkauft sein Haus, weil seine Frau den aufgeklebten kleinen Chinesen als Spuk an ihrem Bett gesehen hat. Dann bin ich verloren, Effi. Von solcher Lächerlichkeit kann man sich nie wieder erholen." (1, IV, S. 79f.)

Bei diesem Gesprächsauszug wird auf das adhäsive Potential von Klatsch verwiesen. Jedoch betrifft die Warnung nicht den Bereich des Moralischen, sondern den des Sozialen. Innstetten fürchtet den Klatsch der Kessiner Gesellschaft um seine Person, würde er Effis Wunsch nach einem Wegzug aus dem „Spukhaus" nachgeben und ihrer Spukerscheinung damit eine reelle Existenz zusprechen. Ein Umzug wegen Spuk kollidiert jedoch mit der konservativen Haltung der Gesellschaft, die schon kleinstes normabweichendes Verhalten sanktioniert.[332] Da Innstetten jedoch beruflich von der Kessiner Gesellschaft abhängig ist, kann er seine Seriosität und sein Ansehen nicht einer nervösen Emotionalität seiner Frau opfern. Er positioniert sich gegenüber Effi damit explizit als Karrieremacher, der auf Gefühle seiner Frau, die von den gesellschaftlichen Ansprüchen divergieren, wenig Rücksicht nehmen kann. Die Forderungen nach Glanz und Ehre[333], die Effi an die Ehe stellt, werden mit dieser Einstellung gesichert, jedoch auf Kosten der präferierten Liebe. Ihre Forderungen werden von Innstetten als unvereinbar mit der sozialen Wirklichkeit markiert. Für die Beziehung der Eheleute bedeutet diese Auseinandersetzung die endgültige Entfremdung. Denn für Innstetten, der nach Grundsätzen handelt, strebsam und ehrgeizig ist, sich aber keinen Stimmungen hingibt, ist Effis realitätsfernes, empfindsames Verhalten nicht nachvollziehbar. Gesellschaftliches Ansehen und seine Stellung sind seine höchsten Ziele und das Einzige, das Innstetten nicht erträgt, ist es lächerlich gemacht zu werden.[334] Anstatt seiner Frau Trost zu spenden und ihr die Angst zu nehmen, proklamiert er ihr, adeligen Spukstolz zu haben. Effi dagegen enttäuscht diese Reaktion und sie kritisiert, Innstetten würde die Spukge-

---

[332] Hingewiesen sei noch einmal auf Klatschgespräch Nr. 3, in dem Frau Briest Effis exotischen Wunsch nach einem japanischen Bettschirm und einer roten Lampe wegen der Gefahr des Reputationsverlustes in der Kessiner Gesellschaft abschlägt. Vgl. S. 70 dieser Arbeit.
[333] Vgl. 1, IV. S. 32.
[334] Vgl. Roch (1985): Fontane, S. 235.

schichte weder unterstützen noch sie widerlegen.[335] Er hält Effi in Bezug auf den Spuk in einem künstlichen Missverhältnis, ähnlich wie Luise von Briest ihre Tochter in Bezug auf die Sexualität[336], und agiert erzieherisch. Damit deutet die Machtverteilung zwischen den Ehepartnern eher auf eine Vater-Kind-Beziehung als auf eine gleichberechtigte Partnerschaft hin. Jeong erkennt in dem Zusammenhang eines ungleichberechtigten Verhältnisses des Ehepaares mit dem Problem der Bedürfnisbefriedigung einen Störfaktor in der Ehe.[337] Ebenso wie der Spuk die Eheleute maßgeblich voneinander entfernt, betont Jeong die Missachtung von Effis Bedürfnissen.[338] Wieder demonstriert das Gespräch die unbedingte Anpassung an die gesellschaftliche Konvention, wobei Effis charakterliche Divergenz akzentuiert wird.

Ein musikalischer Abend mit der Sängerin Trippelli bei dem Apotheker Gieshübler beschert Effi etwas Abwechslung vom äußerst ruhigen Alltag in Kessin. Auch Innstetten ist seinen Möglichkeiten nach bemüht, gegen Effis Langeweile etwas zu unternehmen und organisiert eine Schlittenfahrt durch das Umland. Die geplante Einkehr bei Golchowski weiß Innstetten auch geschickt mit seinen beruflichen Interessen zu verbinden. Die Fahrt führt sie an einem Grab zwischen den Dünen vorbei, was Anlass gibt, die Chinesengeschichte vollständig zu erzählen.

> „Die Fahrt verlief ganz wie geplant. Um ein Uhr hielt der Schlitten unten am Bahndamm vor dem Gasthaus ‚Zum Fürsten Bismarck', und Golchowski, glücklich, den Landrat bei sich zu sehen, war beflissen, ein vorzügliches Dejeuner herzurichten. Als zuletzt das Dessert und der Ungarwein aufgetragen wurden, rief Innstetten den von Zeit zu Zeit erscheinenden und nach der Ordnung sehenden Wirt heran und bat ihn, sich mit an den Tisch zu setzen und ihnen was zu erzählen. Dazu war Golchowski denn auch der rechte Mann; auf zwei Meilen in der Runde wurde kein Ei gelegt, von dem er nicht wußte. Das zeigte sich auch heute wieder. Sidonie Grasenabb, Innstetten hatte recht vermutet, war, wie vorige Weihnachten, so auch diesmal wieder auf vier Wochen zu ‚Hofpredigers' gereist; Frau von Palleske, so hieß es

---

[335] Zur Rolle des Chinesen siehe auch Rainer, Ulrike: „Effi Briest" und das Motiv des Chinesen. Rolle und Darstellung in Fontanes Roman. In: Zeitschrift für Deutsche Philologie, Bd. 101 (1982), S. 545-561. Oder Utz, Peter: Effi Briest, der Chinese und der Imperialismus. Eine „Geschichte" im geschichtlichen Kontext. In: Zeitschrift für Deutsche Philologie 103 (1984). S. 212-225.
[336] Vgl. Mecklenburg (1998): Theodor Fontane, S. 272.
[337] Vgl. Jeong (2001): Dialogische Offenheit, S. 121.
[338] Vgl. Mittelmann (1980): Die Utopie des weiblichen Glücks, S. 151.

weiter, habe ihre Jungfer wegen einer fatalen Geschichte Knall und Fall entlassen müssen, und mit dem alten Fraude steh es schlecht – es werde zwar in Kurs gesetzt, er sei bloß ausgeglitten, aber es sei ein Schlaganfall gewesen, und der Sohn, der in Lissa bei den Husaren stehe, werde jede Stunde erwartet. Nach diesem Geplänkel war man dann, zu Ernsthafterem übergehend, auf Varzin gekommen. ‚Ja', sagte Golchowski, ‚wenn man sich den Fürsten so als Papiermüller denkt! Es ist doch alles sehr merkwürdig; eigentlich kann er die Schreiberei nicht leiden und das bedruckte Papier erst recht nicht, und nun legt er doch selber eine Papiermühle an.'

‚Schon recht, lieber Golchowski', sagte Innstetten, ‚aber aus solchen Widersprüchen kommt man im Leben nicht heraus. Und da hilft auch kein Fürst und keine Größe.'

‚Nein, nein, da hilft keine Größe.'" (1, IV, S. 87f.)

Das Gespräch zwischen Golchowski und den Innstettens demonstriert das sogenannte „Durchhecheln" von Klatschopfern. Dem Wirt haftet der Ruf der Klatschhaftigkeit an: „Dazu war Golchowski denn auch der rechte Mann; auf zwei Meilen in der Runde wurde kein Ei gelegt, von dem er nicht wußte." (1, IV, S. 87) Innstetten sucht ihn in genau dieser Funktion auf. Schon auf ihrer ersten Fahrt nach Kessin, die sie an dem Gasthof „Zum Fürsten Bismarck" vorbeiführt, beschreibt Innstetten seiner Frau Golchowski als einen gutaussehenden halben Polen, der ein unsicherer Passagier und dem deswegen nicht zu trauen ist, der viel auf dem Gewissen hat, der sich jedoch als Loyalen aufspielt und gesellschaftlich hohes Ansehen genießt. Innstetten ist beruflich von ihm abhängig und stellt sich trotz der starken Vorbehalte gut mit ihm.[339] Da er den Ausflug zu Golchowski gerade in der Absicht eines Wahlgespräches unternimmt, intendiert Innstetten mit der Klatscheinladung offensichtlich eine Stärkung der Beziehung zu dem Wirt. Während die Vorkommnisse bei der adeligen Gesellschaft nur konklusiv dargebracht werden, markiert das Gespräch über den Fürsten die Positionen der Klatschenden. Innstetten – ein Günstling Bismarcks und in dessen Diensten – kontert Golchowskis Vorwurf, der Fürst agiere widersprüchlich, wenn er seiner Abneigung gegenüber der Presse zum Trotz eine Papiermühle erwerbe. Innstetten gesteht Bismarck dieses widersprüchliche Verhalten zu, was seinem prinzipientreuen Charakter eigentlich widerspricht und konzediert das Abweichen von Grundsätzen, auch wenn sich die Paradoxie negativ auswirkt. Die hier gezeigte Ambivalenz im Umgang mit Prinzipienverstößen ist für seine spätere Reaktion auf

---

[339] Vgl. 1, IV, S. 44.

den Ehebruch interessant. Für ihn gilt das unbedingte Einhalten der Normen, deren alternativlose Gültigkeit Roch auf seinen mangelnden moralischen Mut zurückführt.[340] Die Generosität in Bezug auf andere problematisiert damit den Zwang Innstettens zu sozialer Eingebundenheit.

Die Divergenz von Effis Anspruch nach Zerstreuung und der gesellschaftlichen Realität wird im Verlauf der Romanhandlung hervorgehoben. Den Winter über besucht sie nur zwei Veranstaltungen, wovon eine die musikalische Soiree mit der Trippelli ist und die andere der Ressourcenball zu Silvester. Ansonsten kommt es kaum zu weiteren Annäherungen zwischen den Innstettens und den adeligen Familien, deren Besuche sie auch noch langweilen. Jedoch ist Effi schwanger und sie erhofft sich von ihrem Baby Lebendigkeit und Zerstreuung. Auch hat sich ein neuer Landwehrbezirkskommandeur in Kessin eingestellt, dem Effi als „Trost und Rettungsbringer" entgegensieht. Ihre Erwartungen bezüglich des Majors erfüllen sich vorerst aber nicht. Die Monotonie wird durch die vielen Badegäste im Sommer durchbrochen, die Effi Ablenkung bieten. Schwangerschaftsbedingt ist ihr Bewegungsradius eingeschränkt, weswegen sie Klatsch präferiert:

> „Von da ab brachte jeder Tag Zuzug, und nach dem Bollwerk hin spazierengehen, um daselbst die Ankunft des Dampfschiffes abzuwarten, wurde, wie immer um diese Zeit, eine Art Tagesbeschäftigung für die Kessiner. Effi freilich, weil Innstetten sie nicht begleiten konnte, mußte darauf verzichten, aber sie hatte doch wenigstens die Freude, die nach dem Strand und dem Strandhotel hinausführende, sonst so menschenleere Straße sich beleben zu sehen, und war denn auch, um immer wieder Zeuge davon zu sein, viel mehr als sonst in ihrem Schlafzimmer, von dessen Fenstern aus sich alles am besten beobachten ließ. Johanna stand dann neben ihr und gab Antwort auf ziemlich alles, was sie wissen wollte; denn da die meisten alljährlich wiederkehrende Gäste waren, so konnte das Mädchen nicht bloß die Namen nennen, sondern mitunter auch eine Geschichte dazu geben. Das alles war unterhaltlich und erheiternd für Effi." (1, IV, S. 107)

Erneut wird der Klatsch nicht näher spezifiziert. Johanna als Klatschbetreiberin berichtet Effi von den eintreffenden Badegästen; Klatsch fungiert hier folglich als Mittel der Unterhaltung. Damit wird nicht nur der klatschhafte Eindruck von Johanna verstärkt, auch Effi wird näher charakterisiert. Denn in den vorangegangenen Klatschgesprächen war Effi zwar überwiegend invol-

---

[340] Vgl. Roch (1985): Fontane, S. 241.

viert, jedoch wurde sie dort als passive, kommentarlose Rezipientin vorgeführt. Ihr Eindruck wird nun dahingehend revidiert, dass Klatsch für sie „unterhaltlich und erheiternd" ist. (1, IV, S. 107) Nennenswert ist, dass sie die häusliche Sphäre wegen Innstettens Absenz nicht verlassen kann, so dass ihr das Klatschen als quasi letzte Möglichkeit bleibt, um ihren Hang nach Zerstreuung zu befriedigen. Indem sie mit Johanna eine Klatschkoalition eingeht, setzt sie ihren privaten Bereich einem Öffentlichkeitsmoment aus. Denn die Betonung von Johannas Klatschhaftigkeit verweist auf die Gefahr, dass Effi deren Klatschopfer werden kann, weil die Hausangestellte Zugang zu dem privaten Bereich Effis hat. Während ihr der Zugang zur öffentlichen Sphäre durch ihren Mann und die Gesellschaft versperrt ist, gefährdet sie ihre private Sphäre und hat quasi keinen eigenen Raum mehr.[341] Des Weiteren wird deutlich, dass ihre substantiellen Wünsche stark eingegrenzt werden. Hat sie ihrer Mutter gegenüber proklamiert, sie sei für Liebe, dann für Ehre und Glanz und dann für Zerstreuung und das Einzige, was sie nicht ertrage, sei Langeweile[342], zeigt sich hieran auch, dass der gesellschaftliche Notstand ihrem Wunsch nach Zerstreuung nicht gerecht werden kann. Als erreichbare Ziele bleiben für sie nur Glanz und Ehre übrig. Klatsch stellt für sie die Möglichkeit dar, auch am öffentlichen Leben zu partizipieren.

So kommt es, dass Effi von ihrem Fensterplatz aus einen Trauerzug beobachtet, der eine kurz zuvor verstorbene Besucherin zum Kessiner Friedhof begleitet. Dieses Ereignis wühlt sie dermaßen auf, dass sie sich mit einem längeren Spaziergang zu beruhigen versucht. Dabei lernt sie die verzweifelte Aushilfe der Toten kennen, die sie kurzerhand als Kinderfrau einstellt.

> „Man lebte sich schnell ein, denn Effi hatte ganz den liebenswürdigen Zug der meisten märkischen Landfräulein, sich gern allerlei kleine Geschichten erzählen zu lassen, und die verstorbene Frau Registratorin und ihr Geiz und ihre Neffen und ihre Frauen boten einen unerschöpflichen Stoff. Auch Johanna hörte dabei gerne zu.
> Diese, wenn Effi bei den drastischen Stellen oft laut lachte, lächelte freilich und verwunderte sich im stillen, daß die gnädige Frau an all dem dummen Zeug soviel Gefallen finde; diese Verwunderung aber, die mit einem starken Überlegenheitsgefühl Hand in Hand ging, war doch auch wieder ein Glück und sorgte dafür, daß keine Rangstreitigkeiten aufkommen konnten. Roswitha war einfach die komische Fi-

---

[341] Vgl. Mahrdt (1998): Öffentlichkeit, Gender und Moral, S. 86.
[342] Vgl. 1, IV, S. 32.

gur, und Neid gegen sie zu hegen wäre für Johanna nichts anderes gewesen, wie wenn sie Rollo um seine Freundschaftsstellung beneidet hätte. So verging eine Woche, plauderhaft und beinahe gemütlich, weil Effi dem, was ihr persönlich bevorstand, ungeängstigter als früher entgegensah." (1, IV, S. 115)

Das Verhältnis von Effi zu der neuen Hausangestellten ist von Beginn an ein gutes. Effis Eindruck von ihr als treue und zuversichtliche Frau, die ein klein bisschen dumm ist, bestätigt sich.[343] Roswitha, als Figur elementarer Mütterlichkeit[344], gibt Effi Halt und Sicherheit, besonders in Bezug auf den Spuk.[345] Auch unterhält sie sie mit Klatschgeschichten über die finanziellen Möglichkeiten und das Sozialverhalten ihrer alten Dienstherrin[346] und bringt Effi so Zerstreuung. Das Einbringen der Klatschgeschichten wirkt sich stabilisierend auf die Beziehung der Angestellten zu ihrer neuen Herrin aus. Gleichzeitig birgt es aber die Gefahr, dass auch Effi ihr Klatschobjekt werden kann, zumal Roswitha Effi gegenüber gesteht, mit ihrer alten Herrin über Effi geredet zu haben.[347] Auch Johanna ist Teil der Klatschkoalition. Ihr Hang zu klatschhaftem Verhalten wird mit dieser Partizipation verstärkt und damit wiederum auch das adhäsive Potential von Klatsch herausgestellt. Anstatt sich als gleichberechtigte Klatschteilnehmerin zu betrachten, legt Johanna Effis Vorliebe für die Gespräche negativ aus und erhöht sich nicht nur über die Klatschverbreiterin, sondern auch über Effi. Die Ambivalenz ihres Verhaltens tritt dabei zum Vorschein, weil sie einerseits gerne zuhört und das Erzählte andererseits als „dummes Zeug" bezeichnet. Damit drückt sie aus, dass Klatsch gesellschaftlich als ambivalent gilt. Das Gerede wird zwar praktiziert, moralisch gilt es aber als verwerflich. Indem Johanna die negative Seite der Kommunikationsform betont, beschuldigt sie indirekt ihre Herrin und Roswitha, ein gesellschaftlich nicht akzeptiertes Gespräch zu betreiben und distanziert sich mit der Anschuldigung selbst davon. Darin sieht sie eine Bestätigung ihrer Überlegenheit gegenüber Effi und der Hausangestellten. Diese Überheblichkeit sorgt allerdings auch für ein freundliches Miteinander.[348]

---

[343] Vgl. 1, IV, S. 107.
[344] Vgl. Böschenstein (2001): „Und die Mutter kaum in Salz", S. 297.
[345] Vgl. 1, IV, S. 115.
[346] Roswitha beschreibt die alte Herrin als geizig und zänkisch, die nichts taugt und nicht für ihre Angestellten sorgt. 1, IV, S. 111.
[347] Vgl. ebd. 111.
[348] Vgl. ebd. S.226.

Die letzten beiden Klatschauszüge konkretisieren Effis Eigenschaften, charakterisieren die Hausangestellten näher und zeigen ihre Funktion im häuslichen Bereich auf. Es lässt sich erstens feststellen, dass sowohl die Objekte der Klatschgespräche als auch die Betreiber nicht Effis sozialer Einheit angehören, weswegen die Erzählungen für Effi reinen Unterhaltungswert haben. Eine Bewertung des devianten Verhaltens ist hinfällig, weil nicht auf das gleiche Normen- und Wertesystem rekurriert wird. Der Klatsch bietet Effi jedoch in gewissem Maß die Partizipation am öffentlichen Leben, das ihr ansonsten verschlossen ist. Die Kommunikation bietet ihr die gewünschte Abwechslung von ihrem monotonen, ereignislosen Alltag und verhindert das Aufkommen von Langeweile. Da Roswitha als Neuzugang in das Haus gekommen ist, muss sie sich in ihrer Position erst bewähren. Sie kommt mit den Klatschgeschichten den Wünschen ihrer Herrin nach und verfolgt damit eine Stärkung von Zugehörigkeit und Anerkennung. Anders dagegen ist es bei Johanna. Mit den Klatschgeschichten, die sie ihrer Herrin erzählt, erhöht sie sich über Effi. Die Loyalität, die sie gegenüber ihren Dienstherren bei einer vorherigen Klatschpartnerin gezeigt hat, wird fragwürdig, wenn sie das Machtverhältnis zwischen sich und Effi umkehrt. Darin liegt ein Hinweis auf das adhäsive Potential von Klatsch, wodurch sie Effi auch in ihrem privaten Bereich zum Einhalten der Gesellschaftsregeln zwingt. Sie zeigt ambivalentes Verhalten auf, wenn sie selbst gerne Klatschgeschichten hört, solche Gespräche bei Roswitha und Effi jedoch als unmoralisch markiert.

Im Juli bringt Effi ein Mädchen zur Welt, das den Monat drauf auf den Namen Anni getauft wird. Zur Erholung nach dem anstrengenden Ereignis fährt sie zu ihren Eltern und bleibt dort über einen Monat. Nach ihrer Rückkehr in Kessin macht sie die nähere Bekanntschaft mit Major Crampas. Er besucht die Innstettens nach anfänglicher Distanz nun regelmäßig, plaudert mit Effi und unternimmt Ausritte mit Innstetten, denen sich Effi nach einiger Zeit trotz möglichem Gerede der Kessiner anschließt. Ende Oktober beginnen für Innstetten die Wahlkampagnen, weswegen Effi und Crampas die Ausritte nunmehr ohne ihn, dafür aber in Begleitung von zwei Dienern weiterführen. Während eines Rittes entspinnt sich folgendes Gespräch:

> „Crampas, ein guter Causeur, erzählte dann Kriegs- und Regimentsgeschichten, auch Anekdoten und kleine Charakterzüge von Innstetten, der mit seinem Ernst und seiner Zugeknöpftheit in den übermütigen

Kreis der Kameraden nie recht hineingepaßt habe, so daß er eigentlich immer mehr respektiert als geliebt worden sei.

‚Das kann ich mir denken', sagte Effi, ‚ein Glück nur, daß der Respekt die Hauptsache ist.'

‚Ja, zu seiner Zeit. Aber er paßt doch nicht immer. Und zu dem allen kam noch eine mystische Richtung, die mitunter Anstoß gab, einmal weil Soldaten überhaupt nicht sehr für derlei Dinge sind, und dann weil wir die Vorstellung unterhalten, vielleicht mit Unrecht, daß er doch nicht ganz so dazu stände, wie er's uns einreden wollte.'

‚Mystische Richtung?' sagte Effi. ‚Ja, Major, was verstehen Sie darunter? Er kann doch keine Konventikel abgehalten und den Propheten gespielt haben. Auch nicht einmal den aus der Oper ... ich habe seinen Namen vergessen.'

‚Nein, so weit ging er nicht. Aber es ist vielleicht besser, davon abzubrechen. Ich möchte nicht hinter seinem Rücken etwas sagen, was falsch ausgelegt werden könnte. Zudem sind es Dinge, die sich sehr gut auch in seiner Gegenwart verhandeln lassen. Dinge, die nur, man mag wollen oder nicht, zu was Sonderbarem aufgebauscht werden, wenn er nicht dabei ist und nicht jeden Augenblick eingreifen und uns widerlegen oder meinetwegen auch auslachen kann.'

‚Aber das ist ja grausam, Major. Wie können Sie meine Neugier so auf die Folter spannen. Erst ist es was, und dann ist es wieder nichts. Und Mystik! Ist er denn ein Geisterseher?'

‚Ein Geisterseher! Das will ich nicht gerade sagen. Aber er hatte eine Vorliebe, uns Spukgeschichten zu erzählen. Und wenn er uns dann in große Aufregung versetzt und manchen auch wohl geängstigt hatte, dann war es mit einem Male wieder, als habe er sich über alle die Leichtgläubigen bloß mokieren wollen. Und kurz und gut, einmal kam es, daß ich ihm auf den Kopf zusagte: ‚Ach was, Innstetten, das ist ja alles bloß Komödie. Mich täuschen Sie nicht. Sie treiben Ihr Spiel mit uns. Eigentlich glauben Sie's gradsowenig wie wir, aber Sie wollen sich interessant machen und haben eine Vorstellung davon, daß Ungewöhnlichkeiten nach oben hin besser empfehlen. In höheren Karrieren will man keine Alltagsmenschen. Und da Sie so was vorhaben, so haben Sie sich was Apartes ausgesucht und sind bei der Gelegenheit auf den Spuk gefallen.''

Effi sagte kein Wort, was dem Major zuletzt bedrücklich wurde. ‚Sie schweigen, gnädigste Frau.'

‚Ja.'

‚Darf ich fragen warum? Hab ich Anstoß gegeben? Oder finden Sie's unritterlich, einen abwesenden Freund, ich muß das trotz aller Verwahrungen einräumen, ein klein wenig zu hecheln? Aber da tun Sie mir trotz alledem Unrecht. Das alles soll ganz ungeniert seine Fortsetzung vor seinen Ohren haben, und ich will ihm dabei jedes Wort wiederholen, was ich jetzt eben gesagt habe.''' (1, IV, S. 130f.)

Das Klatschgespräch findet zwischen Major Crampas und Effi statt, Klatschobjekt ist Innstetten. Das Gespräch wird unter der Prämisse geführt, dass Effi und Innstetten verheiratet sind und Innstetten aufgrund dieses intimen Verhältnisses als virtuell anwesend gilt; Klatsch entspräche ansonsten einem persönlichen Angriff.[349] Crampas, ein alter Regimentskamerad von Innstetten, berichtet von früheren Geschichten und hebt dessen Andersartigkeit hervor. Er begründet dies mit Innstettens Reserviertheit und seiner bewussten Abgrenzung von den anderen Soldaten, so dass er mehr respektiert als geliebt worden sei. Ausschlaggebend für die Stellung im Regiment sei aber seine „mystische Ausrichtung" gewesen. Mit dieser Aussage erlangt er Effis Aufmerksamkeit und erläutert seine Behauptung, nachdem er Effis Klatschbereitschaft überprüft hat. Dazu spielt er die Brisanz des moralisch kontaminierten Wissens herunter, indem er auf die fehlenden Aufrichtigkeitsindikatoren hinweist; außerdem könne Innstetten keine Stellung zu seiner Aussage beziehen, diese sei zudem subjektiv gefärbt. Und auch mit dem Aufzeigen der Konfliktträchtigkeit des Themas versucht er, Effi zu beeinflussen. Effi nimmt die Klatscheinladung an; sie will wissen, was der Major ihrem Ehemann unterstellt. So aufgefordert beschreibt er Innstettens ambivalentes Agieren mit Spuk, das er ihm als karrierefördernes Mittel auslegt. Als Effi daraufhin schweigt, gesteht er ihr sein Klatschen ein, versichert aber wiederholt, sich durchaus dem direkten Konflikt mit Innstetten zu stellen. Effi jedoch geht auf das Klatschgespräch ein und berichtet daraufhin von ihren Spukerfahrungen mit Innstetten.

Dieses Gespräch ist insofern bedeutsam, als Effi hier über den „Angstapparat aus Kalkül"[350] aufgeklärt wird und die Beziehung zu Innstetten einen endgültigen Vertrauensbruch erfährt. Mit der Erkenntnis über Innstettens erzieherisches Agieren verliert er gleichzeitig seine Macht über Effi, wobei Mittelmann Innstettens Handeln als Machtmissbrauch bezeichnet und die ungleichgewichtige Partnerschaft abermals betont.[351] Das wiederum beeinflusst das weitere Geschehen maßgeblich, denn Effi wird mit der Einsicht in Innstettens erzieherische Maßnahmen durch Spuk nicht nur das Missverhältnis in ihrer Ehe aufgezeigt, sie empfindet Innstettens Handeln als bar jeder Herzensgüte und als Grausamkeit[352] und somit als Gegenpol zu ihrer Persön-

---

[349] Vgl. Kieserling (1999): Kommunikation unter Anwesenden, S. 320.
[350] Vgl. 1, IV, S. 134.
[351] Vgl. Mittelmann (1980): Die Utopie des weiblichen Glücks, S. 54.
[352] Vgl. 1, IV, S. 134.

lichkeit. Es veranlasst sie auch, sich mit einer Grausamkeit an Innstetten zu revanchieren. Sie lehnt sich gegen den Vertrauensbruch mit einem Vertrauensbruch ihrerseits auf und begeht Ehebruch mit Major Crampas, der als unzuverlässig, als „Damenmann" und in Liebesabenteuern sogar gegenüber Freunden als rücksichtslos beschrieben wird.[353] Die Intention, mit der er den Klatsch über Innstetten rekapituliert, kann demnach als berechnend und manipulierend ausgelegt werden, denn das abwertende Gerede, das Effi und Innstetten voneinander entfremdet, stärkt zugleich die Beziehung zwischen den Klatschpartnern. Crampas tritt freundschaftlich auf, demonstriert Innstettens Verhalten als gesellschaftlich fragwürdig und gibt damit Effis Unbehagen an Innstettens Agieren gesellschaftlichen Rückhalt. Gleichzeitig distanziert er sich von seinem ehemaligen Kamerad und bezieht eine konträre Position.[354] Indem Effi seine Klatscheinladung annimmt, geht sie ein Vertrauensverhältnis mit ihm ein und markiert ihre Beziehung zu Innstetten als instabil. Für Crampas ist damit die Basis für sein (erfolgreiches) Werben gelegt. Mittenzwei ordnet das Gespräch so ein, dass daraufhin alle weiteren Konversationen zwischen den Ehebrechern auf den Ehebruch hinführen[355], wobei Brackert und Schuller dem Verhältnis zwischen Effi und Crampas eine ebenso gravierende Unverhältnismäßigkeit attestieren wie dem von Effi und Innstetten, weil Crampas Effi ebenso manipuliert.[356]

Effi fühlt sich durch die Avancen von Major Crampas einer ständigen Gefahr ausgesetzt. Einerseits genießt sie die Aufmerksamkeiten durch den Verehrer, andererseits weiß sie um die Devianz des Verhaltens. So erleichtert sie die Ruhe, die der Winter in das gesellschaftliche Leben bringt. Die gemeinsamen Ausritte werden eingestellt, dafür schließt sich Effi der Theatergruppe an, die das Stück „Ein Stück vom Wege" einstudiert, bei dem Crampas allerdings die Regie führt. Ihr Versuch, ihn zu meiden, misslingt also und ihre Distanznahme zu ihm ruft bei Effi eine unbefriedigende emotionale Situation hervor. Aufgrund des inneren Zwiespalts nimmt Effi auch zu den anderen gesellschaftlichen Ereignissen Distanz. Sie schlägt die Einladungen zu den be-

---

[353] Vgl. 1, IV, S. 134, 146, 135.
[354] Als wesentliche Voraussetzungen für Effis Eingehen auf den Ehebruch wird ihre Flucht aus der Langeweile und ihr Bedürfnis nach Zärtlichkeit beschrieben, die Crampas erfüllt. Vgl. Wende (2000): „Es gibt ... viele Leben, die keine sind ...", S. 154; Jeong (2001): Dialogische Offenheit, S. 117.
[355] Vgl. Mittenzwei (1970): Die Sprache als Thema S. 141.
[356] Vgl. Brackert; Schuller (1981): Theodor Fontane. Effi Briest, S. 158.

freundeten Adelsfamilien unter einem Vorwand aus und beginnt stattdessen lange, einsame Spaziergänge.[357]

Nach einem Berlin-Aufenthalt Innstettens erfährt Effi von seiner Beförderung ins Ministerialamt nach Berlin. Für sie ist Innstettens Karrieresprung gleichbedeutend mit dem Ende ihres Normverstoßes und die Rettung vor einem möglichen Herauskommen desselben. So sieht sie den Wegzug aus Kessin als Neuanfang für sich und bricht überstürzt nach Berlin auf, um dort eine neue Wohnung für sich und ihren Mann zu suchen. Ihre Mutter unterstützt die Suche:

> „Die nächsten Tage nahmen einen ähnlichen Verlauf; man war aufrichtig erfreut, sich wiederzuhaben und nach so langer Zeit wieder ausgiebig miteinander plaudern zu können. Effi, die sich nicht bloß auf Zuhören und Erzählen, sondern, wenn ihr am wohlsten war, auch auf Medisieren ganz vorzüglich verstand, geriet mehr als einmal in ihren alten Übermut, und die Mama schrieb nach Hause, wie glücklich sie sei, das ‚Kind' wieder so heiter und lachlustig zu finden; es wiederhole sich ihnen allen die schöne Zeit von vor fast zwei Jahren, wo man die Ausstattung besorgt habe." (1, IV, S. 196)

Effi wird in diesem Abschnitt als Klatschbetreiberin dargestellt, ihre Mutter und der Vetter sind die Rezipienten; die Klatschthemen werden nicht näher beschrieben. Der vorliegende Erzählerkommentar ist deshalb hervorzuheben, weil Effi hier eine aktive Rolle in der Beziehungsstruktur einnimmt. Während sie in den vorangegangenen Konversationen hauptsächlich als Rezipientin und damit als passive Gesprächsteilnehmerin vorgeführt wurde, steht ihr Verhalten im Familienkreis dazu im Kontrast.

Effis Erleichterung über die überwundene Gefahr dürfte ihr gegensätzliches Verhalten und ihren Übermut begründen. Auch die Mutter bemerkt an ihrer Tochter den ausgelassenen vorehelichen Gefühlszustand, was nicht nur darauf verweist, dass Effi selbstverständlich Gesprächsthema ihrer Eltern ist, sondern ihr Zustand auch Grund zur Besorgnis gegeben hat.[358] Auffällig ist,

---

[357] Während dieser Spaziergänge trifft sie sich mit dem Major Crampas und begeht Ehebruch. Dass der Ehebruch an sich nur angedeutet und lange Zeit nur erahnt wird, wirft Schmiedt (1993): Liebe, Ehe, Ehebruch, Fontane vor. Vgl. ebd. S. 98. Eggert (1993): Ehe und Sexualität, rechtfertigt die Andeutung, dass eine detaillierte Ausführung eine Geschmacklosigkeit wäre. Vgl. ebd. S. 77. Und auch Zalesky (2004): Erzählverhalten und narrative Sprechweisen, bemerkt, dass eine eingehende Darstellung des Ehebruchs nicht zu einem Roman dieses Typs passen würde und indiskret erscheinen würde. Vgl. ebd. S. 126.

[358] Die Diskrepanzen in der Ehe sind den Eltern bewusst, sie sehen dennoch keine Schuld an dem Tod ihrer Tochter bei sich. Vgl. Mittelmann (1980): Die Utopie des weiblichen

dass Effi ihre passive Rolle außerhalb von Kessin und der dortigen Gesellschaft aufgibt. In Kessin hat sie die tradierte Frauenrolle erfüllt, die mit einer geschlossenen Lebenswelt zusammenfällt, wie es vom Hofe betont.[359] Der bevorstehende Wohnortwechsel bietet ihr nunmehr die Möglichkeit, aus der geschlossenen Sphäre und der Apathie herauszutreten und in Berlin ein Leben zu führen, was ihren Vorstellungen mehr entspricht. Zugleich ist sie in Berlin in der Gesellschaft ihrer Mutter ihrer eigenen Rolle als Ehefrau und Mutter enthoben und wieder in die Kinderrolle versetzt, was ihr den gesellschaftlichen Druck nimmt. Auch Roch erkennt Effis Drang, sich in den Kindheitszustand zurückzuversetzen[360], da ihr Erwachsenenleben, den gesellschaftlichen Zwängen obliegend, nicht ihren Vorstellungen entspricht.

Für Effi bedeutet der Umzug nach Berlin einen wirklichen Lebenswandel, denn nicht nur, dass sie das Spukhaus hinter sich gelassen hat, auch die Schuldgefühle von dem Ehebruch führen sie ihrem Mann wieder näher: „Nun bricht eine andere Zeit an, und ich fürchte mich nicht mehr und will auch besser sein als früher und dir mehr zu Willen leben." (1, IV, S. 203). Auch Innstetten bemüht sich um seiner Frau Willen um ein angeregteres gesellschaftliches Leben, was anfänglich nur stockend realisiert werden kann. Das neue Leben wird trotz der Verbesserungen von Effis latenten Schuldgefühlen überschattet. Während eines abendlichen Beisammenseins mit dem benachbarten Ehepaar Gizicki, dem Vetter Briest und dem Minister Wüllersdorf ergibt sich folgendes Gespräch:

> „Niemand erheiterte sich dabei mehr als Effi, was dann meistens Veranlassung wurde, kleinstädtische Geschichten in Hülle und Fülle folgen zu lassen. Auch Kessin mit Gieshübler und der Trippelli, Oberförster Ring und Sidonie Grasenabb kam dann wohl an die Reihe, wobei sich Innstetten, wenn er guter Laune war, nicht leicht genugtun konnte. ‚Ja', so hieß es dann wohl, ‚unser gutes Kessin! Das muß ich zugeben, es war eigentlich reich an Figuren, obenan Crampas, Major Crampas, ganz Beau und halber Barbarossa, den meine Frau, ich weiß nicht, soll ich sagen unbegreiflicher- oder begreiflicherweise, stark in Affektion genommen hatte ... '
> ‚Sagen wir begreiflicherweise', warf Wüllersdorf ein, ‚denn ich nehme an, daß er Ressourcenvorstand war und Komödie spielte, Liebha-

---

      Glücks, S. 50, Böschenstein (2001): „Und die Mutter kaum in Salz", S. 295. Und 1, IV, S. 214.
[359]  Vgl. vom Hofe, S. 191.
[360]  Vgl. Roch (1985): Fontane, S. 241.

ber oder Bonvivants. Und vielleicht noch mehr, vielleicht war er auch ein Tenor.' Innstetten bestätigte das eine wie das andere, und Effi suchte lachend darauf einzugehen, aber es gelang ihr nur mit Anstrengung, und wenn dann die Gäste gingen und Innstetten sich in sein Zimmer zurückzog, um noch einen Stoß Akten abzuarbeiten, so fühlte sie sich immer aufs neue von den alten Vorstellungen gequält, und es war ihr zu Sinn, als ob ihr ein Schatten nachginge." (1, IV, S. 221f.)

Bei den hier geführten Klatschgesprächen steht der Unterhaltungswert im Vordergrund. Der Klatsch zeichnet sich durch die erheiternde Wirkung als gruppenstabilisierendes Mittel aus, was eine besondere Gewichtung in diesem sich erst etablierenden Kreis hat. Als Klatschbetreiber tritt Innstetten auf, der über Major Crampas und dessen Verhältnis zu Effi berichtet. Mit seiner Charakterdarstellung reiht er sich in die kleinstädtischen Geschichten ein und markiert das Verhalten des Majors als normabweichend.

Zwei Merkmale treten bei diesem Klatschbericht besonders hervor: Erstens stellt Innstetten die Kessiner Gesellschaft in Frage, nachdem er mit seinem Karrieresprung nicht mehr von ihr und dem Einhaltens des dort geltenden Regelsystems abhängig ist. Einschränkend muss gesagt werden muss, dass er sich den Personen widmet, die Effi in besonderer Weise nahe standen und deren gesellschaftliche Geltung nicht einwandfrei war. Zweitens beinhaltet das Infrage stellen in besonderer Weise das gesellschaftliche Ansehen des Majors, der als Spielernatur und Damenmann deviante Züge aufweist. Anders als Major Crampas Effi vorgeführt hat, ist Innstetten gesellschaftlich angesehen und der Liebhaber hat eine fragwürdige Position inne. Damit wird seine Einschätzung von Innstetten ins Gegenteil gekehrt, Effis Naivität und fehlende Festigkeit betont und ihre Schuld, sich auf Crampas eingelassen zu haben, vergrößert.

Sieben Jahre sind seit dem Umzug nach Berlin vergangen und das einzige, was das Familienleben trübt, ist das Ausbleiben eines Erben. Deswegen wird Effi eine Kur verordnet, die sie zusammen mit der Geheimrätin Zwicker antritt. Kurz vor ihrer Rückkehr ereignet sich jedoch ein schicksalhafter Zwischenfall: Wegen eines Sturzes von Anni wird Effis Nähtisch aufgebrochen und die alten Briefe von Major Crampas kommen dabei zum Vorschein. Innstetten zieht den Geheimrat Wüllersdorf zu Rate und entscheidet sich für den regelkonformen Umgang mit dem Ehebruch. Crampas wird zum Duell herausgefordert und die Scheidung von Effi eingereicht. Das Duell geht für den

Major tödlich aus und Innstetten kommen zum ersten Mal Zweifel über die Richtigkeit seines Handelns. Er wägt die menschliche Reaktion mit der gesellschaftlich vorgesehenen ab und erkennt den Zwang seines Tuns.

„Johanna nahm die Briefe und wollte gehen.
‚... Und dann, Johanna, noch eins: Die Frau kommt nicht wieder. Sie werden von anderen erfahren, warum nicht. Annie darf nichts wissen, wenigstens jetzt nicht. Das arme Kind. Sie müssen es ihr allmählich beibringen, daß sie keine Mutter mehr hat. Ich kann es nicht. Aber machen Sie's gescheit. Und daß Roswitha nicht alles verdirbt.'
Johanna stand einen Augenblick ganz wie benommen da. Dann ging sie auf Innstetten zu und küßte ihm die Hand. Als sie wieder draußen in der Küche war, war sie von Stolz und Überlegenheit ganz erfüllt, ja beinah von Glück. Der gnädige Herr hatte ihr nicht nur alles gesagt, sondern am Schluß auch noch hinzugesetzt: ‚Und daß Roswitha nicht alles verdirbt.' Das war die Hauptsache, und ohne daß es ihr an gutem Herzen und selbst an Teilnahme mit der Frau gefehlt hätte, beschäftigte sie doch, über jedes andere hinaus, der Triumph einer gewissen Intimitätsstellung zum gnädigen Herrn.
Unter gewöhnlichen Umständen wäre ihr denn auch die Herauskehrung und Geltendmachung dieses Triumphes ein leichtes gewesen, aber heute traf sich's so wenig günstig für sie, daß ihre Rivalin, ohne Vertrauensperson gewesen zu sein, sich doch als die Eingeweihtere zeigen sollte. Der Portier unten hatte nämlich, so ziemlich um dieselbe Zeit, wo dies spielte, Roswitha in seine kleine Stube hineingerufen und ihr gleich beim Eintreten ein Zeitungsblatt zum Lesen zugeschoben. ‚Da, Roswitha, das ist was für Sie; Sie können es mir nachher wieder runterbringen. Es ist bloß das Fremdenblatt; aber Lenc ist schon hin und holt das Kleine Journal. Da wird wohl schon mehr drinstehen; die wissen immer alles. Hören Sie, Roswitha, wer so was gedacht hätte.'
Roswitha, sonst nicht allzu neugierig, hatte sich doch nach dieser Ansprache so rasch wie möglich die Hintertreppe hinaufbegeben und war mit dem Lesen gerade fertig, als Johanna dazukam.
Diese legte die Briefe, die ihr Innstetten eben gegeben, auf den Tisch, überflog die Adressen oder tat wenigstens so (denn sie wußte längst, an wen sie gerichtet waren) und sagte mit gut erkünstelter Ruhe: ‚Einer ist nach Hohen-Cremmen.'
‚Das kann ich mir denken', sagte Roswitha.
Johanna war nicht wenig erstaunt über diese Bemerkung. ‚Der Herr schreibt sonst nie nach Hohen-Cremmen.'
‚Ja, sonst. Aber jetzt ... Denken Sie sich, das hat mir eben der Portier unten gegeben.'
Johanna nahm das Blatt und las nun halblaut eine mit einem dicken Tintenstrich markierte Stelle: ‚Wie wir kurz vor Redaktionsschluß von gut unterrichteter Seite her vernehmen, hat gestern früh in dem Bade-

ort Kessin in Hinterpommern ein Duell zwischen dem Ministerialrat v. I. (Keithstraße) und dem Major von Crampas stattgefunden. Major von Crampas fiel. Es heißt, daß Beziehungen zwischen ihm und der Rätin, einer schönen und noch sehr jungen Frau, bestanden haben sollen.'

‚Was solche Blätter auch alles schreiben', sagte Johanna, die verstimmt war, ihre Neuigkeit überholt zu sehen.

‚Ja', sagte Roswitha. ‚Und das lesen nun die Menschen und verschimpfieren mir meine liebe, arme Frau. Und der arme Major. Nun ist er tot.'

‚Ja, Roswitha, was denken Sie sich eigentlich? Soll er nicht tot sein? Oder soll lieber unser gnädiger Herr tot sein?'

‚Nein, Johanna, unser gnäd'ger Herr, der soll auch leben, alles soll leben. Ich bin nicht für Totschießen und kann nicht mal das Knallen hören. Aber bedenken Sie doch, Johanna, das ist ja nun schon eine halbe Ewigkeit her, und die Briefe, die mir gleich so sonderbar aussahen, weil sie die rote Strippe hatten und drei- oder viermal umwickelt und dann eingeknotet und keine Schleife – die sahen ja schon ganz gelb aus, so lange ist es her. Wir sind ja nun schon über sechs Jahre hier, und wie kann man wegen solcher alten Geschichten …' […]

‚Nun, ich will es nicht gesagt haben, Roswitha. Nur, Sie sollen mir nicht kommen und sagen: der arme Major. Was heißt der arme Major! Der ganze arme Major taugte nichts; wer solchen rotblonden Schnurrbart hat und immer wribbelt, der taugt nie was und richtet bloß Schaden an. Und wenn man immer in vornehmen Häusern gedient hat … aber das haben Sie nicht, Roswitha, das fehlt Ihnen eben … dann weiß man auch, was sich paßt und schickt und was Ehre ist, und weiß auch, daß, wenn so was vorkommt, dann geht es nicht anders, und dann kommt das, was man eine Forderung nennt, und dann wird einer totgeschossen.'

‚Ach, das weiß ich auch; ich bin nicht so dumm, wie Sie mich immer machen wollen. Aber wenn es so lange her ist …' ‚Ja, Roswitha, mit Ihrem ewigen ‚so lange her'; daran sieht man ja eben, daß Sie nichts davon verstehen. […] und nun kommen Sie und verlangen von unserm gnäd'gen Herrn, daß er sich das alles ruhig gefallen läßt, bloß weil es so lange her ist. Was heißt lange her? Sechs Jahre ist nicht lange her. Und unsre gnäd'ge Frau – die aber nicht wiederkommt, der gnäd'ge Herr hat es mir eben gesagt –, unsre gnäd'ge Frau wird erst sechsundzwanzig, und im August ist ihr Geburtstag, und da kommen Sie mir mit ‚lange her'. Und wenn sie sechsunddreißig wäre, ich sage Ihnen, bis sechsunddreißig muß man erst recht aufpassen, und wenn der gnäd'ge Herr nichts getan hätte, dann hätten ihn die vornehmen Leute ‚geschnitten'. Aber das Wort kennen Sie gar nicht, Roswitha, davon wissen Sie nichts.'

‚Nein, davon weiß ich nichts, will auch nicht; aber das weiß ich, Johanna, daß Sie in den gnäd'gen Herrn verliebt sind.' Johanna schlug eine krampfhafte Lache auf." (1, IV, S. 244-248)

Johanna tritt an Roswitha heran, um mit ihr ein Klatschgespräch zu beginnen. Sie hat eben im Vertrauen von dem Herrn erfahren, dass Effi nicht mehr wiederkommt und es ihr obliegt, Anni darüber aufzuklären. Diese Aufgabe sieht sie als Kennzeichen ihrer besonderen Stellung zu Innstetten, zumal er sie Roswitha vorzieht. Beispielhaft zeigen sich hier die beziehungsstrukturellen Voraussetzungen für ein Klatschgespräch sowie die intendierte Funktion einer solchen Kommunikation. Erstens tritt ein Hausmädchen mit einer exklusiven Neuigkeit an ein anderes heran. Damit markiert sie ihre intime Stellung, denn der Hausherr hat sich an sie gewandt. Zweitens gibt sie Informationen weiter, die für Roswitha ebenfalls relevant sind und betont so das Vertrauensverhältnis zu ihrer Kollegin. Mit dem Klatsch will Johanna sich über ihre „Rivalin"[361] erhöhen, ihre bevorzugte Stellung hervorheben und gleichzeitig deren Anerkennung bekommen. Ihr kann Innstettens Aufgabenverteilung als Bestätigung ihres Überlegenheitsgefühls ausgelegt werden, wobei die Loyalität zu ihrem Vorgesetzten größer ist als zu Effi. Auch wenn sie mit Effi Mitleid hat, degradiert sie sie zu ihrem Klatschobjekt. Die Neuigkeit, mit der sie an Roswitha herantritt, hat diese jedoch schon aus einem Zeitungsbericht erfahren. Damit sind die Voraussetzungen für ein Klatschgespräch nicht mehr gegeben. Roswitha hat den entpersonalisierten, mediatisierten Klatsch jedoch nicht des Unterhaltungswertes, sondern des Informationsgehaltes wegen konsumiert, zumal sie das Zeitungsblatt von dem Portier des Hauses erhalten hat. Die Informationen, die die beiden Hausangestellten haben, sind unterschiedliche, wobei letzten Endes Roswitha Johanna aufklärt und deren Ziel, sich über sie zu erhöhen, vorerst zunichtemacht. Initiiert durch die Zeitungslektüre entspinnt sich schließlich doch ein Klatschgespräch zwischen den beiden. Roswitha fordert dabei deutlich einen nachsichtigen, menschlichen Umgang mit Ehebruch und stimmt für eine Verjährung des Vorfalls. Johanna dagegen verteidigt Innstettens Vorgehen; sie sieht es als ehrenhaft an, weil der Major nichts tauge, der Vorfall sei auch nicht lange her und vor allem anerkennt sie den gesellschaftlichen Zwang

---

[361] Das Verhältnis der beiden Hausmädchen wurde bislang als ein eigentlich freundschaftliches beschrieben, nicht als ein rivalisierendes. Dank strikter Aufgabenverteilung löst selbst Roswithas bevorzugte Stellung bei Effi keinen Konkurrenzkampf zwischen den beiden aus. Vgl. 1, IV, S. 226.

hinter Innstettens Handeln. Die Argumentation der beiden wird allerdings ihrem Stand entsprechend unsachlich und emotional geführt, die Ehrauffassung dadurch ironisiert[362]. Johanna bezieht sich auf ein Regelsystem, das sie nur beobachtet und Roswitha kontert mit dem Vorwurf, Johanna sei in den Herrn verliebt und deswegen parteiisch. Die Bewertung des Ehebruchs und des Umgangs damit kann demnach nicht als repräsentativ für die Gesellschaft gesehen werden. Andererseits spricht der Bericht über den Vorfall in den Medien doch für ein schichtenübergreifendes Interesse. Da die Innstettens eine angesehene Stellung in der Gesellschaft haben und damit Vorbildcharakter für andere Kreise, findet auch der Umgang mit dem Regelverstoß Beachtung. Die Argumentation der beiden Hausangestellten findet ebenfalls Entsprechung in den von Innstetten geäußerten Zweifeln an seinem Umgang mit dem Ehebruch.

Während Innstetten in Berlin alle notwendigen Schritte zur Ahndung des Ehebruchs einleitet, wartet die unwissende Effi in Bad Ems auf eine Nachricht von ihrem Mann. Schließlich klärt ein Brief ihrer Mutter sie über die Entdeckung ihres Regelverstoßes und die sich daraus ergebenden Konsequenzen auf. Geheimrätin Zwicker, Effis Kur-Begleitung, erahnt an Effis Reaktion auf den Brief eine Klatschgeschichte und wendet sich postalisch an eine befreundete Berliner Dame.

> „Die Zwicker war schon auf dem zweiten Bogen und fuhr in ihrem mehr als dankbaren Thema, das natürlich ‚Effi' hieß, eben wie folgt fort: ‚Alles in allem war sie sehr zu leiden, artig, anscheinend offen, ohne jeden Adelsdünkel (oder doch groß in der Kunst, ihn zu verbergen) und immer interessiert, wenn man ihr etwas Interessantes erzählte, wovon ich, wie ich Dir nicht zu versichern brauche, den ausgiebigsten Gebrauch machte. Nochmals also, reizende junge Frau, fünfundzwanzig oder nicht viel mehr. Und doch habe ich dem Frieden nie getraut und traue ihm auch in diesem Augenblick noch nicht, ja, jetzt vielleicht am wenigsten. Die Geschichte heute mit dem Briefe – da steckt eine wirkliche Geschichte dahinter. Dessen bin ich so gut wie sicher. Es wäre das erste Mal, daß ich mich in solcher Sache geirrt hätte. Daß sie mit Vorliebe von den Berliner Modepredigern sprach und das Maß der Gottseligkeit jedes einzelnen feststellte, das und der gelegentliche Gretchenblick, der jedesmal versicherte, kein Wässerchen trüben zu können – alle diese Dinge haben mich in meinem Glauben ... Aber da kommt eben unsere Afra, von der ich Dir, glaube

---

[362] Vgl. Kretzenbacher (1990): Das Kulturthema Ehre, S. 49.

ich, schon schrieb, eine hübsche Person, und packt mir ein Zeitungsblatt auf den Tisch, das ihr, wie sie sagt, unsere Frau Wirtin für mich gegeben habe; die blau angestrichene Stelle. Nun verzeih, wenn ich diese Stelle erst lese ...
Nachschrift. Das Zeitungsblatt war interessant genug und kam wie gerufen. Ich schneide die blau angestrichene Stelle heraus und lege sie diesen Zeilen bei. Du siehst daraus, daß ich mich nicht geirrt habe. Wer mag nur der Crampas sein?
Es ist unglaublich – erst selber Zettel und Briefe schreiben und dann auch noch die des anderen aufbewahren! Wozu gibt es Öfen und Kamine? Solange wenigstens, wie dieser Duellunsinn noch existiert, darf dergleichen nicht vorkommen; einem kommenden Geschlecht kann diese Briefschreibepassion (weil dann gefahrlos geworden) vielleicht freigegeben werden. Aber so weit sind wir noch lange nicht. Übrigens bin ich voll Mitleid mit der jungen Baronin und finde, eitel wie man nun mal ist, meinen einzigen Trost darin, mich in der Sache selbst nicht getäuscht zu haben. Und der Fall lag nicht so ganz gewöhnlich. Ein schwächerer Diagnostiker hätte sich doch vielleicht hinters Licht führen lassen.
Wie immer Deine Sophie.'" (1, IV, S. 257f.)

Bei diesem Textabschnitt liegt eine Sonderform des Klatsches vor, denn erstens kommuniziert die Betreiberin mit einer nur gedanklich anwesenden Person, was die beziehungsstrukturellen Voraussetzungen nicht erfüllt, und zweitens verweist sie in ihrem Monolog auf entpersonalisierten, mediatisierten Klatsch. Der Brief an eine Freundin wird aufgrund eines vermuteten Normverstoßes initiiert, wobei die Zwicker sich in ihren Ausführungen über Effi von ihr distanziert. Sie beschreibt ihr Klatschobjekt als eigentlich „reizende junge Frau", deren religiöse Ansichten „Berliner Modeprediger, Gretchenblick" allerdings nicht denen der gängigen Gesellschaftsmeinung entsprechen. Die Zwicker wird als freiheitlich[363] eingestellter Mensch charakterisiert, bei der Effi sogar eine Vergangenheit vermutet, und auch ihre Klatschpartnerin wird als ihre Seelenverwandte betitelt. (1, IV, S. 257) Die konservative Haltung in Bezug auf ein deviantes Verhalten ist also umso mehr verwunderlich, als sie das Gegenteil ihrer liberalen Gesinnung markiert. Dahinter steht möglicherweise die Absicht, die positionsunabhängige, gesamtgesellschaftliche Geltung von moralischen Normen aufzuzeigen. Denn nicht nur innerhalb der Klatschkoalition wirkt das gemeinsame Verurteilen

---

[363] Sie weist Merkmale einer emanzipierten Frau auf, denn bspw. liest sie Zola, Innstetten stuft sie politisch liberal ein und sie steht der ganzen Männerwelt mit Skepsis gegenüber, d. h., dass sie nicht die typische Frauenrolle einnimmt. Vgl. 1, IV, S. 225, 257.

von Regelverstößen verbindend und stabilisierend, sondern auch vor allem für Mitglieder, deren gesellschaftliche Akzeptanz nicht einwandfrei ist, bietet die Rekurrenz auf ein gemeinsames Wertesystem eine Stärkung der Zugehörigkeit zur Gesellschaft.

Während des Schreibens wird Zwickers Vermutung durch einen Zeitungsbericht über das Duell bestätigt und sie kann ihrer Klatschpartnerin die exklusive Neuigkeit mitteilen, dass Effi Ehebruch begangen hat. Weil die Adressatin ebenfalls aus Berlin kommt und wahrscheinlich dem weiteren Gesellschaftskreis der Innstettens angehört, ist die Nachricht von einem persönlichen Interesse, daneben auch noch höchst unterhaltsam. Anders als zu erwarten, sanktioniert die Geheimrätin aber nicht den Ehebruch Effis, sondern deren Aufbewahren der Briefe sowie das Duell. Während die aufbewahrten Briefe als Handlungsmoment fungieren[364], wird mit der Duell-Kritik nicht nur eine zeitgenössische Diskussion aufgegriffen.[365] Auch Innstettens gesellschaftlich determinierter Umgang mit dem Ehebruch wird in Frage gestellt. Dabei zeigt sich seine auf Ehrprinzipien basierende Denkweise als eine veraltete[366], sondern auch die sozialen Normen, nach denen er sich richtet.[367] Die Gesellschaftskritik, die sich hinter dem Vorwurf verbirgt, wird dadurch nivelliert, dass sich die vortragende Person ihrerseits der gängigen Meinung ob ihrer eigenen Stellung anschließt. So fühlt Zwicker zwar Mitleid mit Effi, sieht aber letztlich in der Geschichte nur einen Beleg für ihre Menschenkenntnis.

Das Herauskommen des Ehebruchs liegt nunmehr drei Jahre zurück. Effi hat sich widerstandslos in die Rolle der gesellschaftlich Verstoßenen gefügt und lebt zurückgezogen und ohne jeglichen Kontakt zu ihrem alten Umfeld mit Roswitha in einer kleinen Wohnung. Durch ein zufälliges Wiedersehen entsteht allerdings bei ihr der Wunsch, wieder Umgang mit ihrer Tochter haben zu dürfen, dem auch stattgegeben wird. Doch das Treffen mit ihrem Kind enttäuscht Effi über alle Maßen, was eine Verschlechterung ihres Gesundheitszustandes nach sich zieht. Ihre Eltern, daraufhin vom Arzt alarmiert, setzen sich schließlich über die Sanktionen hinweg und nehmen ihre Tochter wieder bei sich auf.

---

[364] Vgl. Hehle (1998): Theodor Fontane, S. 384.
[365] Vgl. Roch (1985): Fontane, S. 329.
[366] Vgl. Müller-Seidel (1969): Fontanes „Effi Briest", S. 361.
[367] Vgl. Wende (2000): „Es gibt ... viele Leben, die keine sind ...", S. 148.

Innstetten ist währenddessen beruflich zum Ministerialdirektor aufgestiegen. Doch anstatt sich über seine Karriere zu freuen, trüben der Ehebruch, das Duell und die Scheidung sein Lebensglück. Als ihn die Bitte erreicht, den Hund Rollo seiner Frau zu überlassen, werden seine Zweifel über die vergangenen Ereignisse entfacht. Gerade in diesem Moment bekommt er Besuch von Geheimrat Wüllersdorf, mit dem er eine Diskussion über das verlorene Lebensglück führt. Dieser rät ihm, seinen Zweifeln mit Resignation zu begegnen, sich mit den gesellschaftlichen ‚Hilfskonstruktionen' (1, IV, S. 289) abzulenken und sich eines kleinen Glückes zu erfreuen. Er selbst verfolgt genau diese Strategie:

> „‚Ich schenk es[den Gang ins Ministerium] mir heute ganz. Erst noch eine Stunde Spaziergang am Kanal hin bis an die Charlottenburger Schleuse und dann wieder zurück. Und dann ein kleines Vorsprechen bei Huth, Potsdamer Straße, die kleine Holztreppe vorsichtig hinauf. Unten ist ein Blumenladen.'
> ‚Und das freut Sie? Das genügt Ihnen?'
> ‚Das will ich nicht gerade sagen. Aber es hilft ein bißchen. Ich finde da verschiedene Stammgäste, Frühschoppler, deren Namen ich klüglich verschweige. Der eine erzählt dann vom Herzog von Ratibor, der andere vom Fürstbischof Kopp und der dritte wohl gar von Bismarck. Ein bißchen fällt immer ab. Dreiviertel stimmt nicht, aber wenn es nur witzig ist, krittelt man nicht lange dran herum und hört dankbar zu.'
> Und damit ging er." (1, IV, S. 289)

Der vorliegende Auszug stellt eine Klatschankündigung seitens des Geheimrats Wüllersdorf dar. Er berichtet Innstetten von seinen weiteren Tagesplänen, anstatt zu arbeiten, zu einem Bekannten zu gehen, um mit den dort Anwesenden zu klatschen. Damit offenbart er Innstetten seine Absicht, einer diskreditierten Form der Geselligkeit beizuwohnen, für die er sogar seine Arbeit vernachlässigt. Er stellt an diese gesellschaftlich nicht akzeptierte Kommunikation auch nur den Anspruch, unterhalten zu werden. Andere gesprächsstrukturelle Voraussetzungen, wie der Wahrheitsgehalt der Nachricht, sind für ihn nicht relevant.

Wüllersdorf bestätigt mit seinem Bekenntnis die gesellschaftlich ambivalente Haltung gegenüber Klatsch, indem er aufzeigt, dass Klatsch zwar praktiziert, aber nicht vorbehaltlos akzeptiert wird. Das Vertrauensverhältnis zwischen ihm und Innstetten ermöglicht es jedoch, sich derart offen zu äußern, ohne das Risiko des Reputationsverlustes einzugehen. Interessant ist die Intention, die Wüllersdorf die diskreditierte Art der Unterhaltung wählen lässt: Er benutzt Klatsch, um sein desillusioniertes, beschädigtes Verhältnis zur Gesellschaft zu bewältigen.[368] Die Erkenntnis über seine Abhängigkeit von der sozialen Einheit und die daraus resultierende Zwanghaftigkeit gesellschaftskonformen Handelns lassen ihn zu diesem sozialen Kontrollmittel greifen, womit er letztendlich genau das System stärkt, das er kritisiert.

Für die Beziehung zwischen ihm und Innstetten ist es besonders aufschlussreich, dass er Innstetten rät, sich der Gesellschaft zu fügen, obwohl dieser ihre uneingeschränkte Geltung gerade in Frage stellt. Der Wandel bei Innstetten ist durch sein demontiertes Verhältnis zur moralischen Ordnungswelt der preußischen Gesellschaft[369] herbeigeführt worden, nachdem er erkannt hat, dass das Einhalten der Konvention sein Lebensglück zerstört hat.[370] „Denn gerade *das*, dieser Krimskrams [Kultur und Ehre] ist doch an allem schuld." (1, IV, S. 288) In seiner damaligen Erörterung vor Wüllersdorf, sich zu duellieren und sich von Effi scheiden zu lassen, wollte der Geheimrat ihn überzeugen, über die Sache hinwegzugehen; Innstetten jedoch entschied sich für den gesellschaftskonformen Weg.[371] „Man ist nicht bloß ein einzelner Mensch, man gehört einem Ganzen an, und auf das Ganze haben wir beständig Rücksicht zu nehmen, wir sind durchaus abhängig von ihm." (1, IV, S. 235) Die Position der beiden Männer hat sich nun umgekehrt: Während Innstetten sich nicht mehr den Konventionen der Gesellschaft unterstellen will, weil er die Diskrepanz zwischen eigenem Glücksanspruch und Konvention erkannt hat und unter ihr leidet, ist es nun Wüllersdorf, der ihn über seine alternativlose soziale Eingebundenheit aufklärt. Die Gesellschaft bleibt als statische Größe trotz ihrer kritikwürdigen Regeln und Geltung weiterhin bestehen.[372]

Der Roman endet mit Effis Tod, die in einem letzten Gespräch mit ihrer Mutter Innstettens gesellschaftlich determiniertes Handeln anerkennt und sich damit versöhnlich zeigt. Brackert und Schuller sehen in Effis Tod die Um-

---

[368] „Wer ist denn nicht unbedrückt? Wer sagt nicht jeden Tag: ‚eigentlich eine sehr fragwürdige Geschichte.' Sie wissen, ich habe auch mein Päckchen zu tragen, nicht gerade das Ihrige, aber nicht viel leichter." 1, IV, S. 288.
[369] Vgl. Wende (2000): „Es gibt ... viele Leben, die keine sind ...", S. 156.
[370] Vgl. Jeong (2001): Dialogische Offenheit, S. 134.
[371] Wie Mittenzwei (1970): Die Sprache als Thema, herausstellt, ist bereits mit dem Herantreten an Wüllersdorf der Ehebruch keine private Angelegenheit mehr und fordert zwangsläufig das Anwenden der Gesellschaftsregeln. Vgl. ebd. S. 144.
[372] Vgl. Degnering (1978): Das Verhältnis von Individuum und Gesellschaft, S. 79.

deutung eines gesellschaftlich motivierten Problems, das in einem natürlichen Prozess aufgelöst wird.[373] Jedoch lässt sich die Kritik, die Effis Hinscheiden aufgrund der gesellschaftlichen Sanktionen beinhaltet, nicht verbergen. „Zwar obsiegt das Normsystem Gesellschaft, aber um den Preis seiner Schwächung, denn Effis Tod impliziert, dass die Alternativen, die sie zur weiblichen Selbstbestimmung angedacht hat, der Umsetzung in die Praxis harren."[374] Verstärkend wird Innstettens Erkenntnis über die gesellschaftliche Determination hinzugefügt, so dass sich die Protagonisten zwar den Konventionen beugen und deren Regeln anerkennen, ihr Glück aber nicht finden.[375] Und auch wenn die Wiederaufnahme Effis in ihrem Elternhaus ein Stückchen selbstüberwindende Menschlichkeit zeigt[376], überwiegt der Eindruck des gesellschaftlichen Zwanges. Klatsch fungiert in diesem Gefüge stellvertretend für die unabänderliche Geltung gesellschaftlicher Regeln und Normen, auch wenn sie als veraltet und überholt herausgestellt worden sind. Denn indem er praktiziert wird und als soziales Kontrollmittel mit gruppenstabilisierender Wirkung fungiert, wird das konventionelle Regelsystem unterstützt und eine Erneuerung desselben verhindert. Diese Funktion wird durch seinen hohen Unterhaltungswert kontrastiert.

## 3.4 Gegenüberstellung der Klatschgespräche in „L'Adultera" und „Effi Briest"

Bei der Kommunikationsform Klatsch steht nicht nur der Mensch im Vordergrund; sie hebt vor allem den Menschen in seiner sozialen Eingebundenheit hervor, zeigt ihn in der Interaktion mit anderen Gesellschaftsmitgliedern und konfrontiert ihn mit dem zugrundeliegenden Normen- und Wertesystem. Dient das Gespräch im Allgemeinen dazu, verschiedene Figurenansichten darzustellen, so ordnet Klatsch die subjektiven Meinungen in ein gesellschaftliches Ganzes ein. Das Gesprochene motiviert eine bestimmte Handlung der Teilnehmer und bildet zugleich die Handlungsgrundlage; Klatsch ist also nicht nur Kommunikation, sondern auch soziale Interaktion. Für die analysierten Klatschgespräche in den Romanen „L'Adultera" und „Effi Briest" bedeutet das erstens, dass die romanimmanenten Konflikte speziell dem vor-

---

[373] Vgl. Brackert; Schuller (1981): Theodor Fontane. Effi Briest, S. 159.
[374] Dethloff (2000): Emma Bovary und Effi Briest, S. 132f.
[375] Vgl. Müller-Seidel (1969): Fontanes „Effi Briest", S. 371.
[376] Vgl. Eggert (1993): Ehe und Sexualität, S. 79.

geführten Gesellschaftskreis zuzuordnen sind, in dem sie zwar subjektiv betrachtet, aber konsensuell problematisiert werden. Zweitens sind die Reaktionen der handelnden Figuren durch die soziale Einheit bedingt und vorgegeben.

Die Klatschgespräche lassen sich hierbei verschiedenen funktionellen Kategorien zuordnen, die auf struktureller Ebene die Personen charakterisieren sowie die soziale Einheit und deren Regelsystem spezifizieren und erläutern. Handlungsbezogen wird der Konflikt eingeführt, einmal auf der direkten Beziehungsebene Ehemann-Ehefrau, und dann wiederum im größeren sozialen Kontext. Daneben dienen Klatschgespräche als Konflikt-Parallelen oder als Vorausdeutungen und schließlich wird auch die Gesprächsform Klatsch an sich diskutiert.

In dem Roman „L'Adultera" gibt es insgesamt 16 Klatschvorkommen. Davon handelt es sich bei neun um tatsächliche Gespräche, vier zielen auf eine spezielle Funktion der Kommunikation ab und stellen Klatsch-Warnungen dar. In drei Gesprächen wird auf generelle Eigenschaften der Gesprächsform verwiesen.

Von den tatsächlichen Gesprächen dienen vier vor allem der Charakterisierung der Protagonisten Melanie und Ezechiel van der Straaten sowie Ebenezer Rubehn und weiterhin der Etablierung des Konfliktes. So ist bereits die Exposition transversal, die Gegensätzlichkeit der beiden Eheleute wird vorgeführt und als konfliktreich markiert. Als kontrastierendes Spannungsmoment wird in dem zweiten Klatschgespräch Ebenezer Rubehn eingeführt, dessen Eigenschaften antagonistisch zu denen des Ehemannes sind und einen Konflikt auf anderer Ebene andeuten. Auf dem Höhepunkt des Geschehens werden die anfänglichen Konflikte abermals aufgegriffen und verstärkt, sodass die Kontroverse im dritten Gespräch nicht nur zum Bruch der Eheleute und damit zum offenen Konflikt führt, sondern die im vierten Gespräch festgestellte Gegensätzlichkeit der beiden Herren auch die deviante Beziehung von Melanie und Rubehn evoziert.

Daneben stehen drei Klatschgespräche, in denen van der Straatens normabweichendes Verhalten mit der Gesellschaftsregel, Geld erlaubt alles, legitimiert wird, was die These der gegenseitigen Abhängigkeit und Beeinflussung von Interaktion und Kommunikation bei Klatsch aufgreift. Gleichzeitig wird das Regelsystem als ein brüchiges akzentuiert, wenn eine Regel an ein Verhalten angepasst wird, zumal Vertreter unterschiedlicher sozialer Schichten diese Diskussionen führen. Der in den Gesprächen dargebrachte soziale Faktor präsentiert sich folglich als unsichere, anzweifelbare Basis.

Die letzten beiden Gespräche dieser Kategorie sind Parallelen zur Ehebruchgeschichte. Einmal erzählt der Gärtner Kagelmann von der gescheiterten Ehe zweier ungeeigneter Partner, was sich auf den Konflikt zwischen den Eheleuten van der Straaten bezieht, der den Ehebruch motiviert. Die andere Parallele, der Fall Vernezobres, ist auf den Ehebruch an sich übertragbar und demonstriert die gesellschaftliche Haltung gegenüber solch normabweichendem Verhalten.

Die vier Klatschwarnungen thematisieren das Agieren von einzelnen Mitgliedern einer sozialen Einheit in der Gesellschaft und demonstrieren deren Abhängigkeit von dem zugrunde liegenden Werte- und Normensystem. Drei dieser Warnungen befassen sich mit der Furcht vor einem regelverletzenden Verhalten, das durch die Gesellschaft sanktioniert würde und in der Konsequenz die gesellschaftliche Eingebundenheit angreifbar macht. Strukturell finden die Warnungen einmal nach der Einleitung in den Konflikt, dann nach dem Ausbruch des Konfliktes und schließlich vor der Katastrophe statt, so dass die nachfolgenden Ereignisse in Verbindung mit der sozialen Funktion der Kommunikation gebracht werden und die Klatschwarnungen vorausdeutenden Charakter haben. Nur die letzte Warnung, Melanies Flucht würde durch die Gesellschaft sanktioniert und die zwar auch auf das adhäsive Potential von Klatsch anspielt, hat eine andere Funktion: Sie wird kurz vor der Auflösung des Konfliktes ausgesprochen, dem ein innerer Prozess der Protagonistin folgt, durch den sie schließlich den Konflikt überwindet. Sie ordnet sich dem gesellschaftlichen Regelsystem unter neuen Vorzeichen unter.

Die dritte Gruppe bilden die Klatschverweise. Mit ihnen wird vor allem auf den Unterhaltungswert der Kommunikationsform verwiesen, einmal als Plauderbedürfnis der Frauen zum Zeitvertreib oder wenn van der Straaten Klatsch nutzt, um sich zu mokieren. Im Handlungsgefüge finden die Gespräche statt, bevor der Konflikt intensiviert wird. Jedoch problematisieren sie auf eine subtile Weise die ambivalente Sicht auf Klatsch, wenn er einerseits mit seiner Praxis durchaus negative Auswirkungen für die Mitglieder einer sozialen Einheit haben kann, andererseits aber Vergnügen bereitet. In einem letzten Schritt wird aber auch die ambivalente Sicht aufgelöst, wenn sich Melanie in die Gesellschaft reintegrieren kann, gerade weil der Klatsch nicht beachtet wird.

Auch in dem Roman „Effi Briest" gibt es 16 Klatschvorkommen. Die eigentlichen Gespräche machen allerdings weniger als die Hälfte davon aus, Klatschwarnungen gibt es zwei und den Hauptteil bilden die Klatschverweise.

Klatsch fungiert in den tatsächlichen Gesprächen vordergründig als Mittel, die romanimmanenten Konflikte gemessen an den gesellschaftlichen Normen und Werten, zu problematisieren. Bereits das erste Klatschgespräch, das nicht einer diskreditierenden Absicht unterliegt, führt die Gesellschaftsregel vor, der alles weitere Geschehen unterliegt. Die Exposition widmet sich nur nebenbei der Protagonistin und betont vielmehr den gesellschaftlichen Rahmen, in dem sie sich bewegt. Auch die nachfolgenden Gespräche geben eine gesellschaftliche Sicht auf die Konflikte, wobei zunächst das Verhältnis des Ehepaares beleuchtet wird und das Gespräch damit einen vorausdeutenden Charakter erhält: Effi sei zu jung, Innstetten ein Karrieremensch. Anschließend thematisieren die Klatschgespräche die individuelle Disposition der Charaktere im gesellschaftlichen Kontext, wodurch ein Alters-Konflikt auf anderer Ebene eingeführt wird; Innstetten ist absolut gesellschaftlich determiniert und diese Abhängigkeit wirkt destruktiv auf die Beziehung ein. Den Kulminationspunkt der Handlung bildet Effis Erkenntnis der generellen Determiniertheit, die zum Ausbruch des Konfliktes führt. Das letzte Klatschgespräch endet mit einer generellen Kritik an dem Gesellschaftszustand, dem sich die Protagonisten jedoch unterwerfen müssen.

Die Klatschwarnungen betreffen Effis Divergenz zu dem gesellschaftlichen Standard, womit der Konflikt zwischen gesellschaftlichem Anspruch und der Natur der Protagonistin eingeleitet wird. Einmal wird er im gesamtgesellschaftlichen Kontext erörtert, das zweite Gespräch bezieht sich direkt auf das Verhältnis der Eheleute.

Die Klatschverweise haben distinkte Funktionen. Zwei dieser Verweise stellen Parallelen zu den Hauptkonflikten dar. Der erste Hinweis betrifft den Ehebruch von Dienstboten, der die schichtenübergreifende Gültigkeit von Regeln und Sanktionen vorführt, was den Bezug zur Hauptthese herstellt. Der zweite Verweis, eine Diskussion um kalte und warme Charaktere, bezieht sich auf die konfliktäre Ehe von Effi und Innstetten, die ihren unterschiedlichen Charakteren verschuldet ist. Der Verweis leitet die Intensivierung der vorgeführten Konflikte ein und hat ebenso vorausdeutenden Charakter wie die erste Parallelgeschichte.

Die zweite Gruppe bilden die Klatschgespräche, die auf den Unterhaltungswert und die ambivalente Praxis der Kommunikationsform abzielen und damit die generellen Eigenschaften von Klatsch hervorheben. Indem Frau von Briest klatscht, führt sie ihrer Tochter die Existenz und die Alltäglichkeit des abwertenden Geredes vor Augen, dessen Macht erheblichen Einfluss auf Effis Ausschluss aus der Gesellschaft ausübt. Das andere Gespräch zeigt Effi, die sich der Kommunikationsform bedient, um sich zu unterhalten, dabei aber von dem Hausmädchen Johanna aufgrund ihrer Tätigkeit abgewertet wird. Klatsch thematisiert nicht nur Normverstöße, er stellt selbst einen dar, weil er die Privatsphäre missachtet und sich über das Diskretionsgebot hinwegsetzt.

Die nächste Andeutung befasst sich mit einer möglichen Lösung des Konflikts: indem über eine berühmte, emanzipierte Frau geklatscht wird, zeigt sich einerseits ein alternativer Lebensweg für Effi, der für sie den Konflikt auflösen würde. Andererseits wird die Alternative als nicht umsetzbar markiert, da ein normabweichendes Verhalten in den Fokus des Gesprächs gerät.

Als letztes wird Effi in den Klatschandeutungen als empfänglich für diese Gesprächsart gekennzeichnet, wobei sie dadurch einerseits näher charakterisiert wird, andererseits auch auf ihren inneren Konflikt verwiesen wird, denn Klatsch bedeutet für sie auch einen Ausweg aus der gesellschaftlichen Determination. Das wird mit dem zweiten Verweis abermals akzentuiert, wenn sie zu der Gesprächsform greift, während sie nicht den gesellschaftlichen Zwängen unterliegt.

Ein Klatschverweis schließt die Reihe der Klatschvorkommen ab, als im Gespräch zwischen Wüllersdorf und Innstetten vor der Macht der Gesellschaft resigniert und die Determination hingenommen wird. Klatsch wird in diesem Fall als Ablenkung von der unbefriedigenden Zwangslage praktiziert und der Bezug zur eingangs aufgestellten These wiederhergestellt.

Der auffälligste strukturelle Unterschied zwischen „L'Adultera" und „Effi Briest" ist das Klatschvorkommen im Verhältnis zum Gesamtumfang der Romane. Während die Klatschgespräche bei „L'Adultera" 11,3% ausmachen, sind es bei „Effi Briest" nur 5,4%, wovon die Hälfte keine richtigen Gespräche sind, sondern nur Klatschverweise darstellen. Daneben finden sich in den Romanen zwar die gleichen Klatschkategorien, ihre romanimmanenten Funktionen unterscheiden sich jedoch erheblich voneinander. Wie herausgestellt wurde, konkretisiert Klatsch in „L'Adultera" vielmehr die Konflikte an sich, indem er die Eheleute, ihr Verhältnis zueinander und den Antagonisten thematisiert; die soziale Komponente ist dabei stets auf den Konflikt bezogen. So ist die Dichte der Klatschgespräche im ersten Teil des Romans, in dem der Konflikt eingeleitet wird, bis zur Kulmination wesentlich höher als im zweiten Teil nach dessen Überwindung. Dort steht der innere Prozess der Protagonistin im Vordergrund und der gesellschaftliche Aspekt wird zweitrangig.

In „Effi Briest" dagegen ist Klatsch als soziale Komponente der Konflikte ständig präsent. Die Protagonisten und deren Konflikte werden von Anfang an in einem gesellschaftlichen Zusammenhang beschrieben, Klatsch detailliert nicht nur den Ehebruch als einen gesellschaftlich relevanten Konflikt, sondern kontrastiert auch die charakterliche Disposition der Protagonisten in deren gesellschaftlichem Umfeld.

Diese Unterschiede korrelieren mit der distinkten Intention der Romane, was auch Demetz erkennt: „In „L'Adultera" und „Effi Briest" jedenfalls unternimmt Fontane wechselnde Versuche, der Konvention Widerstand zu leisten, der plakathaften Eindeutigkeit zu begegnen, und durch ein Element des Porösen unsere Imagination zu immer neuen Spielen zu reizen."[377] Vor allem ist der gemeinsame Nenner der Romane das Vorliegen eines Ehebruchs. Alle anderen Komponenten, wenn auch in der Anlage vergleichbar, weichen voneinander ab – so die porträtierten Frauen, die Konflikte in der Ehe, die Motivation des Ehebruchs, der Umgang damit und schließlich auch der Ausgang.

Mit Melanie van der Straaten rekurriert Fontane auf die Frauenfrage und gibt ein positives Beispiel einer selbstbestimmten Frau.[378] Der von ihm kritisierte Gesellschaftszustand wird aufgelöst, indem er den Roman glücklich für die Protagonistin ausgehen lässt: „Hinsichtlich „L'Adultera" hat man ihm [Fontane] vorgeworfen, mit der Tür ins Haus zu fallen, wenn Melanie die Konventionen von Ehe und Gesellschaft mißachtend, in einer Art sittlicher Gewaltlösung das fast schon triviale Happy-End der neuen Frau erleben darf, die durch authentische Liebe und selbstbestimmte Arbeit zu sich findet."[379] Allerdings unter der Prämisse, dass die herrschenden Gesellschaftsregeln anerkannt und respektiert werden.

Thema in „Effi Briest" ist dagegen die gesellschaftliche Determination, die das persönliche Glück verhindert. Kritik trifft vor allem die widerstandslose Akzeptanz diskussionswürdiger Verhaltensregeln, die Fontane mit dem

---

[377] Demetz (1976): Theodor Fontane als Unterhaltungsautor, S. 202.
[378] Vgl. 3. Kapitel, S. 25.
[379] Dethloff (2000): Emma Bovary und Effi Briest, S. 131.

Tod Effis in Frage stellt. „Es reicht nicht, dass diese Frauen unglücklich im objektiven Sinne werden; dass die Gesellschaft ihnen den Versuch, ein Leben nach eigenen Bedürfnissen wenigstens partiell zu realisieren, unmöglich macht."[380] Mit dem Unglück der Frauengestalten evoziert Fontane allerdings auf eine subtile Weise eine eigene Erkenntnisleistung beim Leser.

---

[380] Von Bormann (1980): Glücksanspruch und Glücksverzicht, S. 229.

## 4. Zusammenfassung

Die erzähltechnisch basierte Diskussion des Individuums im Spannungsfeld der Gesellschaft war Motivation für diese Studie. Klatsch stellt dabei die Schnittstelle zwischen den Bereichen der Literatur und der sozialen Dimension dar, weswegen die Klatschgespräche als Untersuchungsgegenstand fokussiert wurden.

Zunächst wurden in einer theoretischen Auseinandersetzung die generellen Funktionen des Gesprächs im Roman erarbeitet, die handlungsbezogen die Figuren und deren Welt näher charakterisieren und strukturell die Konflikte hervorheben. Diese Eigenschaften wurden konkordant für die Romane „L'Adultera" und „Effi Briest" festgestellt. Da in Fontanes Romanen das Aufzeigen eines umfassenden Gesellschaftsbildes intendiert wird, finden sich gesprächsfunktionell nicht nur Charakterisierungen der Protagonisten, sondern auch der Nebenfiguren. Das Zusammenführen der verschiedenen subjektiven und schichtenübergreifenden Ansichten in Diskussionen von Vertretern des Adels mit Dienstboten, Dienstboten unter sich oder Adeligen mit Bürgerlichen erweitert nicht nur den fokussierten Gesellschaftskreis, sondern detailliert auch den konfliktrelevanten Personenkreis. Aufgrund des pluralistischen Gesellschaftsbildes werden konklusiv die Konflikte verständlicher und die Handlung nachvollziehbarer.

Auch für Klatsch wurden die beziehungs- und gesprächsstrukturellen Voraussetzungen herausgestellt und die soziale Dimension des Phänomens erläutert. Dabei zeigte sich, dass die exakte Einordnung der Klatschgespräche in „L'Adultera" und „Effi Briest" nach den theoretischen Vorgaben nicht immer komplikationslos vorgenommen werden konnte. Besonders da in „Effi Briest" häufiger auf die sozialen Funktionen der Kommunikationsform verwiesen als ein wirkliches Gespräch konstruiert wird. Infolge dessen ergaben sich unerhebliche Überschneidungen mit der ähnlichen Gesprächsform „Lästern".

Romanstrukturell verdoppeln die Klatschgespräche das Erzählniveau, weil sie die Konflikte zu eigenständigen Geschichten erheben. Hauptsächliches Thema in „L'Adultera" sind die divergierenden Charaktereigenschaften der Protagonisten, die den Ehebruch begründen. Die Klatschgespräche vertiefen die Problematik der Gegensätzlichkeit und führen immer weiter in die Kontroverse der Eheleute ein; der Ehebruch stellt dann den Höhepunkt der

Auseinandersetzung dar. Daneben fungieren einige Klatschgespräche als explizierende Parallele zu der Ehebruchgeschichte und sind somit auch direkt konfliktbezogen.

In „Effi Briest" werden die Konflikte dagegen subtiler behandelt. Das zeigt sich darin, dass der soziale Handlungsraum, in dem sich die Figuren bewegen, in einigen Klatschgesprächen beschrieben wird oder Verletzungen der Gesellschaftsregeln Thema des Klatsches sind, die ebenfalls als Parallele zu den eigentlichen Konflikten dienen. Außerdem sind in „Effi Briest" mehr Konfliktfaktoren vorhanden als in „L'Adultera", so dass auch die Klatschgespräche nicht nur auf den Ehebruch bezogen sind, sondern die individuell gelagerten Auseinandersetzungen aufgreifen.

In der Gegenüberstellung der Analyse der beiden Romane tritt dann genau dieser Unterschied der Klatschgespräche in den Ehebruchromanen hervor. Allerdings korrespondiert die Differenz der untersuchten Kommunikationsform mit der divergenten Intention der Romane. „L'Adultera" zeigt, korrelierend mit dem positiven Ausgang, einen Ausnahmefall, der vor allem deswegen seine Allgemeingültigkeit einbüßt, weil der vorgeführte Personenkreis an den Rand der Gesellschaft angesiedelt wird und einen Außenseiterstatus einnimmt. Der Kritik an den Gesellschaftszuständen wird mit einer gesellschaftskonformen Überwindung eines Konfliktes begegnet. Anders dagegen bei dem Roman „Effi Briest", in dem nicht nur das Gesellschaftsbild detaillierter erstellt wird, sondern auch die Kritik schriftstellerisch anders umgesetzt wird: Durch den Tod der Protagonistin, der bei der Leserschaft Empathie evoziert, wird das intendierte Rezeptionsverhalten des Lesers dahingehend reguliert, dass die Gesellschaftskritik durch einen Reflexionsprozess als Erkenntnisleistung durch den Leser selbst erbracht wird.

Die Analyse der Klatschgespräche in „L'Adultera" und „Effi Briest" hat effektiv die besondere, romanimmanente Funktion der Kommunikationsform in den Gesellschaftsromanen nachgewiesen. Aufgrund der Eigenart des Klatsches, soziale Faktoren im Gespräch zu markieren und gleichsam sozialer Faktor zu sein, wird das Verhältnis des Individuums und der Gesellschaft in seinen Tiefen verstehbar. Als Diskussion und Reflexion von gesellschaftlichen Werten und Normen, deren Gültigkeit für die Figuren obligatorisch ist, bietet Klatsch eine für den Leser leicht zugängliche Methode, das aufgezeigte System kritisch zu hinterfragen.

Die zwei untersuchten Romane haben die besondere Funktion von Klatschgesprächen in den Gesellschaftsromanen demonstriert und die Relevanz der untersuchten Kommunikationsform bestätigt. Eine weiterführende Analyse der anderen Gesellschaftsromane Fontanes würde die Untersuchung komplettieren und die hier erarbeiteten Ergebnisse validieren. Denn gerade weil das Gespräch eine derart immanente Stellung in Fontanes Romanen innehat, gilt es die Kommunikationsform und deren Funktion in den Romanen ganzheitlich zu erfassen.

# Literaturverzeichnis

## Primärliteratur:

Fontane, Theodor: Effi Briest. In: Keitel, Walter (Hg.) (1963): Theodor Fontane. Sämtliche Werke. (Romane. Erzählungen. Gedichte, Abt. 1, Vierter Band) München: Carl Hanser.

Fontane, Theodor: L'Adultera. In: Keitel, Walter (Hg.) (1962): Theodor Fontane. Sämtliche Werke. (Romane. Erzählungen. Gedichte, Abt. 1, Zweiter Band) München: Carl Hanser.

Fontane, Theodor: Briefe. In: Keitel, Walter; Nürnberger, Helmuth (Hg.) (1979): Theodor Fontane. Sämtliche Werke. (Werke, Schriften und Briefe. Abt. 4. Zweiter Band 1860-1878) München: Carl Hanser Verlag.

Fontane, Theodor: Briefe. In: Keitel, Walter; Nürnberger, Helmuth (Hg.) (1982): Theodor Fontane. Sämtliche Werke. (Werke, Schriften und Briefe. Abt. 4. Dritter Band 1879-1889) Darmstadt: Wissenschaftliche Buchgesellschaft.

Fontane, Theodor: Briefe. In: Keitel, Walter; Nürnberger, Helmuth (Hg.) (1982): Theodor Fontane. Sämtliche Werke. (Werke, Schriften und Briefe, Abt. 4. Vierter Band 1890-1898) Darmstadt: Wissenschaftliche Buchgesellschaft.

## Sekundärliteratur:

Althans, Birgit (1985): „Halte dich fern von den klatschenden Weibern…". Zur Phänomenologie des Klatsches. In: Feministische Studien, Jg. 4, H. 2, S. 46-53.

Althans, Birgit (2000): Der Klatsch, die Frauen und das Sprechen bei der Arbeit. Frankfurt a. M.; New York: Campus Verlag.

Beck, Konrad (1985): Die Ravenés. In: Mitteilungen des Vereins für die Geschichte Berlins, Jg. 81, H. 3, S. 310-312.

Bergmann, Jörg R. (1987): Klatsch. Zur Sozialform der diskreten Indiskretion. Berlin, New York: Walter de Gruyter.

Böschenstein, Renate (2001): „Und die Mutter kaum in Salz". Muttergestalten in Fontanes „Vor dem Sturm" und „Effi Briest". In: Jeong, Hang-Kyun (Hg.): Dialogische Offenheit. Eine Studie zum Erzählwerk Theodor Fontanes. Würzburg: Königshausen & Neumann, S. 267-299.

Böschenstein, Renate (2006): Verborgene Facetten. Studien zu Fontane. Herausgegeben von Delf von Wolzogen und Hubertus Fischer. Würzburg: Königshausen & Neumann.

Brackert, Helmut; Schuller, Marianne (1981): Theodor Fontane. Effi Briest. In: Brackert, Helmut; Stückrath, Jörn (Hg.): Literaturwissenschaft. Ein Grundkurs. Reinbek b. Hamburg: Rowohlt, S. 153-172.

Brinkmann, Richard (Hg.) (1973): Theodor Fontane. München: Heimeran (Dichter über ihre Dichtungen, 12/II).

Brinkmann, Richard (1977): Theodor Fontane. Über die Verbindlichkeit des Unverbindlichen. Tübingen: Max Niemeyer Verlag.

Budjuhn, Horst (1985): Fontane nannte sie „Effi Briest". Berlin: Quadriga Verlag Severin.

Burkhard, Marianne (Hg.) (1980): Gestaltet und Gestaltend. Frauen in der deutschen Literatur. Amsterdam: Rodopi.

Burkhart, Roland (2004): Kommunikationstheorien: ein Textbuch zur Einführung. Wien: Braumüller.

Culler, Jonathan (2002): Literaturtheorie. Eine kurze Einführung. Stuttgart: Philipp Reclam jun.

Degnering, Thomas (1978): Das Verhältnis von Individuum und Gesellschaft in Fontanes „Effi Briest" und Flauberts „Madame Bovary". Bonn: Bouvier Verlag.

Delbruyère, Konstantina (1982): Der Dialog, seine Funktion und Bedeutung in den späteren Romanen Theodor Fontanes. München: Hieronymus Buchreproduktion.

Demetz, Peter (1976): Theodor Fontane als Unterhaltungsautor. In: Rucktäschel, Annamarie; Zimmermann, Hans Dieter (Hg.): Trivialliteratur. München: Wilhelm Fink Verlag, S. 190-204.

Dethloff, Uwe (2000): Emma Bovary und Effi Briest. Überlegungen zur Entwicklung des Weiblichkeitsbildes in der Moderne. In: Delf von Wolzogen, Hanna; Fischer, Hubertus (Hg.): Theodor Fontane. Am Ende des Jahrhunderts. Internationales Symposium des Theodor-Fontane-Archivs zum 100. Todestag Theodor Fontanes 13.-17. September 1998 in Potsdam. Würzburg: Königshausen & Neumann, Bd. 2 (Sprache, Ich, Roman, Frau), S. 123-134.

Dieterle, Regina (Hg.) (2002): Theodor Fontane und Martha Fontane. Ein Familienbriefnetz. Berlin: Walter de Gruyter.

Do, Ki-Sook (2003): Ehe und Ehebruch in der Literatur des 19. Jahrhunderts. Untersuchungen zu Gutzkow, Stifter, Büchner und Fontane. Berlin: Mensch und Buch Verlag.

Eggert, Hartmut (1993): Ehe und Sexualität. Erzählerischer Umgang mit gesellschaftlichen Normen von Goethes Wahlverwandtschaften bis Fontanes Effi Briest. In: Brockmeier, Michaud Stéphane (Hg.): Sitten und Sittlichkeit im 19. Jahrhundert. Les morales au XIXe siècle. Stuttgart: M & P Verlag für Wissenschaft und Forschung, S. 58-81.

Fleischer, Michael (1998): „Kommen Sie, Cohn.". Fontane und die „Judenfrage". Berlin: Selbstverlag.

Friedrich, Gerhard (1968): Das Glück der Melanie van der Straaten. Zur Interpretation von Theodor Fontanes „L'Adultera". In: Jahrbuch der deutschen Schillergesellschaft, Jg. 12., S. 359-382.

Gluckmann, Max (1963): Gossip and scandal. In: Current Anthropology, Jg. 4, S. 307-315.

Grawe, Christian (1991): Effi Briest. Geducktes Vögelchen in Schneelandschaft: Effi von Innstetten, geborene Briest. In: Grawe, Christian (Hg.): Fontanes Novellen und Romane. Stuttgart: Philipp Reclam jun., S. 217-242.

Grieser, Dietmar (2001): Sie haben wirklich gelebt. Von Effi Briest bis zu Herrn Karl, von Tewje bis James Bond. Wien, München: Amalthea.

Hamann, Elsbeth (1984): „Effi Briest" aus erzähltheoretischer Sicht. Bonn: Bouvier Verlag.

Hasubek, Peter (1998): „... wer am meisten red't ist der reinste Mensch". Das Gespräch in Theodor Fontanes Romans „Der Stechlin". Berlin: Erich Schmidt Verlag.

Hehle, Christine (1998): Theodor Fontane. Effi Briest. In: Erler, Gotthard (Hg.): Theodor Fontane. Große Brandenburger Ausgabe. Das erzählerische Werk. Bd. 15. Berlin: Aufbau-Verlag.

Hess-Lüttich, Ernest W. B. (1984): Kommunikation als ästhetisches Problem: Vorlesungen zur angewandten Textwissenschaft. Tübingen: Gunter Narr Verlag.

Hess-Lüttich, Ernest W. B. (2000): „Die bösen Zungen…". Zur Rhetorik der diskreten Indiskretion in Fontanes L'Adultera. In: Hess-Lüttich, Ernest W. B.; Schmitz, Walter (Hg.): Botschaften verstehen. Kommunikationstheorie und Zeichenpraxis. Frankfurt a. M.: Peter Lang, S. 127-141.

Honnefelder, Gottfried (1973): Die erzähltechnische Konstruktion der Wirklichkeit bei Theodor Fontane: Zur Funktion des Briefes im Roman. In: Moser, Hugo; Wiese, Benno von (Hg.): Theodor Fontane. Zeitschrift für deutsche Philologie, Sonderheft Nr. 92. Berlin: Erich Schmidt Verlag, S. 1-36.

Jeong, Hang-Kyun (Hg.) (2001): Dialogische Offenheit. Eine Studie zum Erzählwerk Theodor Fontanes. Würzburg: Königshausen & Neumann.

Kieserling, André (1999): Kommunikation unter Anwesenden. Studien über Interaktionssysteme. Frankfurt a. M.: Suhrkamp Verlag.

Kretzenbacher, Heinz L. (1990): Das Kulturthema Ehre. Über Ehre, Ironie und kulturelle Interferenz: Ehebruch und Ehrenkonflikt bei Theodor Fontane und Eça de Queirós. In: Wierlacher, Alois (Hg.): Jahrbuch Deutsch als Fremdsprache. München: Iudicium Verlag (16), S. 32-71.

Lämmert, Eberhard (1983): Bauformen des Erzählens. Stuttgart: Metzlersche Verlagsbuchhandlung.

Lauf, Edmund (1990): Gerücht und Klatsch. Die Diffusion der „abgerissenen Hand". Berlin: Wissenschaftsverlag Volker Spiess.

Lumley, Frederick E. (1925): Means of social control. New York; London: Century Co.

Mahrdt, Helgard (1998): Öffentlichkeit, Gender und Moral. Von der Aufklärung zu Ingeborg Bachmann. Göttingen: Vandenhoeck & Ruprecht.

Martinez, Matias; Scheffel, Michael (2007): Einführung in die Erzähltheorie. München: C. H. Beck.

Mecklenburg, Norbert (1998): Theodor Fontane. Romankunst der Vielstimmigkeit. Frankfurt a. M.: Suhrkamp Verlag.

Meyer, Herman (1973): Theodor Fontane. ‚L'Adultera' und ‚Der Stechlin'. In: Preisendanz (1984): Zur Ästhetizität des Gesprächs bei Fontane, Wolfgang (Hg.): Theodor Fontane. Darmstadt: Wissenschaftliche Buchgesellschaft, S. 201-232.

Mittelmann, Hanni (1980): Die Utopic des weiblichen Glücks in den Romanen Theodor Fontanes. Bern: Peter Lang.

Mittenzwei, Ingrid (1970): Die Sprache als Thema. Untersuchungen zu Fontanes Gesellschaftsromanen. Bad Homburg, Berlin, Zürich: Verlag Gehlen.

Müller-Seidel, Walter (1969): Fontanes „Effi Briest". Zur Tradition des Eheromans. In: Heydebrand, Renate von; Just, Klaus Günther (Hg.): Wissenschaft als Dialog. Studien zur Literatur und Kunst seit der Jahrhundertwende. Wolfdietrich Rasch zum 65. Geburtstag. Stuttgart: J.B. Metzlersche Verlagsbuchhandlung, S. 30-58.

Müller-Seidel, Walter (1980): Theodor Fontane: soziale Romankunst in Deutschland. Stuttgart: J.B. Metzlersche Verlagsbuchhandlung.

Naumann, Barbara (2000): Schwatzhaftigkeit. Formen der Rede in den späten Romanen Fontanes. In: Delf von Wolzogen, Hanna; Fischer, Hubertus (Hg.): Theodor Fontane. Am Ende des Jahrhunderts. Internationales Symposium des Theodor-Fontane-Archivs zum 100. Todestag Theodor Fontanes 13.-17. September 1998 in Potsdam. Würzburg: Königshausen & Neumann (Sprache, Ich, Roman, Frau), S. 15-26.

Nelles, Jürgen (1998): Bedeutungsdimensionen zwischen Gesagtem und dem Ungesagten. Intertextuelle Korrespondenzen in Fontanes Effi Briest und Goethes Faust. In: Wirkendes Wort, Jg. 48, S. 192-214.

Nürnberger, Helmuth; Storch, Dietmar (Hg.) (2007): Fontane-Lexikon. Namen - Stoffe - Zeitgeschichte. München: Carl Hanser Verlag.

Paine, Robert (1967): What is gossip about? An alternative hypothesis. In: Man, H. 2, S. 278-285.

Plett, Bettina (1991): „…kunstgemäß (Pardon)…" - Typisierungen und Individualität. In: Grawe, Christian (Hg.): Fontanes Novellen und Romane. Stuttgart: Philipp Reclam jun., S. 65-91.

Preisendanz (1984): Zur Ästhetizität des Gesprächs bei Fontane, Wolfgang (1984): Zur Ästhetizität des Gesprächs bei Fontane. In: Stierle, Karlheinz; Warning, Rainer (Hg.): Das Gespräch. München: Fink, S. 473-489.

Radecke, Gabriele (1998): Theodor Fontane. L'Adultera. In: Erler, Gotthard (Hg.): Theodor Fontane. Große Brandenburger Ausgabe. Das erzählerische Werk. Berlin: Aufbau-Verlag, Bd. 4.

Radecke, Gabriele (2002): Vom Schreiben zum Erzählen. Eine textgenetische Studie zu Theodor Fontanes ‚L'Adultera'. Würzburg: Königshausen & Neumann.

Rainer, Ulrike (1982): „Effi Briest" und das Motiv des Chinesen. Rolle und Darstellung in Fontanes Roman. In: Zeitschrift für deutsche Philologie, H. 101, S. 545-561.

Renz, Christine (1999): Geglückte Rede: zu Erzählstrukturen in Theodor Fontanes „Effi Briest", „Frau Jenny Treibel" und „Der Stechlin". München: Wilhelm Fink Verlag.

Roch, Herbert (1985): Fontane. Berlin und das 19. Jahrhundert. Düsseldorf: Droste Verlag.

Ross, Edward A. (1926): Social Control: A survey of the foundations of order. New York: Macmillan.

Sacks, Harvey (1971): Das Erleben von Geschichten innerhalb von Unterhaltungen. In: Kjolseth, Rolf; Sack, Fritz (Hg.): Zur Soziologie der Sprache. Opladen: Westdeutscher Verlag, S. 307-314.

Schmiedt, Helmut (1993): Liebe, Ehe, Ehebruch: ein Spannungsfeld in deutscher Prosa von Christian Fürchtegott Gellert bis Elfriede Jelinek. Opladen: Westdeutscher Verlag.

Schmiedt, Helmut (2000): Die Ehe im historischen Kontext. Zur Erzählweise in Effi Briest. In: Delf von Wolzogen, Hanna; Fischer, Hubertus (Hg.): Theodor Fontane. Am Ende des Jahrhunderts. Internationales Symposium des Theodor-Fontane-Archivs zum 100. Todestag Theodor Fontanes 13.-17. September 1998 in Potsdam. Würzburg: Königshausen & Neumann, Bd. 2 (Sprache, Ich, Roman, Frau), S. 201-208.

Schubert, Daniel (2009): Lästern. Eine kommunikative Gattung des Alltags. Frankfurt a. M.: Peter Lang.

Settler, Humbert (1999): „Effi Briest" - Fontanes Versteckspiel mittels Sprachgestaltung und Mätressenspuk. Flensburg: Baltica-Verlag.

Settler, Humbert (2001): „L'Adultera". Fontanes Ehebruchgestaltung - auch im europäischen Vergleich. Flensburg: Baltica-Verlag.

Staffeldt, Sven (2008): Einführung in die Sprechakttheorie: ein Leitfaden für den akademischen Unterricht. Tübingen: Stauffenburg.

Tebben, Karin (2002): Der Roman dahinter: zum autobiographischen Hintergrund von Theodor Fontanes L'Adultera. In: German Life & Letters, H. Vol. LV, S. 348-362.

Thiele-Dohrmann, Klaus (1995): Der Charme der diskreten Indiskretion: eine kleine Geschichte des Klatsches. Zürich, Düsseldorf: Artemis & Winkler.

Utz, Peter (1984): Effi Briest, der Chinese und der Imperialismus. Eine „Geschichte" im geschichtlichen Kontext. In: Zeitschrift für deutsche Philologie, H. 103, S. 212-225.

Vogt, Jochen (1998): Aspekte erzählender Prosa: eine Einführung in Erzähltechnik und Romantheorie. Opladen: Westdeutscher Verlag.

Von Bormann, Alexander (1980): Glücksanspruch und Glücksverzicht. Zu einigen Frauengestalten Fontanes. In: Burkhard, Marianne (Hg.): Gestaltet und Gestaltend. Frauen in der deutschen Literatur. Amsterdam: Rodopi, S. 205-233.

Von der Lühe, Irmela (1996): „Wer liebt hat recht". Fontanes Berliner Gesellschaftsroman L'Adultera. In: Fontane-Blätter, H. 61, S. 116-133.

Vom Hofe, Gerhard (2004): Die Erfahrung der verschlossenen Welt in Fontanes Roman „Effi Briest". In: Schwarz, Hans-Günter et all. (Hg.): Deutsch als Fremdsprachenphilologie. Festschrift für Friedrich Strack zum 65. Geburtstag von seinen Freunden und Kollegen. Fenster zur Welt. München: Iudicium Verlag, S. 188-202.

Wagner-Simon, Therese (1992): Das Urbild von Theodor Fontanes „L'Adultera". Berlin: Stapp Verlag.

Weingart, Birgit (2008): Kommunikation, Kontamination und epidemische Ausbreitung. In: Brokoff, Jürgen; Fohrmann, Jürgen; Pompe, Hedwig; Weingart, Birgit (Hg.): Die Kommunikation der Gerüchte. Göttingen: Wallstein Verlag, S. 241-251.

Wende, Waltraud (2000): „Es gibt ... viele Leben, die keine sind ..." Effi Briest und Baron von Innstetten im Spannungsfeld zwischen gesellschaftlichen Verhaltensmaximen und privatem Glücksanspruch. In: Delf von Wolzogen, Hanna; Fischer, Hubertus (Hg.): Theodor Fontane. Am

Ende des Jahrhunderts. Internationales Symposium des Theodor-Fontane-Archivs zum 100. Todestag Theodor Fontanes 13.-17. September 1998 in Potsdam. Würzburg: Königshausen & Neumann, Bd. 2 (Sprache, Ich, Roman, Frau), S. 148-160.

Wengerzink, Monika (1997): Klatsch als Kommunikationsphänomen in Literatur und Presse. Ein Vergleich von Fontanes Gesellschaftsromanen und der Deutschen Unterhaltungspresse. Frankfurt a. M.: Peter Lang.

Wessels, Peter (1972): Konventionen und Konversation. Zu Fontanes L'Adultera. In: van Ingen, Ferdinand; Kunne-Ibsch, Elrud; Leeuwe, Hans de; Maatje Frank C. (Hg.): Dichter und Leser. Studien zur Literatur. Wolters-Noordhiff nv Groningen: Utrechtse Publikaties voor Algemene Literatuurwetenshap, S. 163-176.

Zalesky, Bodil (2004): Erzählverhalten und narrative Sprechweisen. Narratologische Untersuchung von „Effi Briest" mit Schwerpunkt in den Dialogen. Uppsala: Uppsala University.

Zimmermann, Rolf Christian (1997): Was hat Fontanes Effi Briest noch mit dem Ardenne-Skandal zu tun? Zur Konkurrenz zweier Gestaltungsvorgaben bei Entstehung des Romans. In: Fontane-Blätter, H. 64, S. 89-109.